변방은
창조공간입니다.

2012. 5. 21.
신영복

변방을 찾아서

변방을 찾아서

신영복 지음

차례

변방을 찾아서   7

꿈은 가슴에 담는 것   35
—해남 송지초등학교 서정분교

우리 시대에도 계속 호출해야 하는 코드   49
—강릉 허균·허난설헌 기념관

통한의 비련, 그 비극적 파토스   65
—박달재

탈근대의 독법으로 읽는 『임꺽정』   79
—벽초 홍명희 문학비와 생가

지혜, 시대와의 불화   93
—오대산 상원사

역사의 꽃이 된 죽음 앞에서   107
—전주 이세종 열사 추모비·김개남 장군 추모비

민초들의 애환, 700리 한강수   121
—서울특별시 시장실의 〈서울〉

새로운 시작을 결의하는 창조 공간   133
—봉하마을 고 노무현 대통령 묘석

변방을 찾아서

책머리에

이 책은 『경향신문』에 연재한 '변방을 찾아서'의 글들을 모은 것이다. 내가 쓴 글씨가 있는 곳을 찾아가서 그 글씨에 관한 이야기를 풀어낸 글이다. 모두 8회의 연재로 마감했기 때문에 분량이 많지 않다. 연재를 계속하기를 원하는 독자들도 있지만, 여러 가지 사정으로 계속할 수 없게 되었다. 책 한 권 분량으로는 부족하지만, 그래도 책으로 만들자는 요구가 있어서 그것을 묶어 책을 만들었다.

이번 취재를 통해서 그동안 내가 쓴 글씨들이 생각보다 많은 곳에 있음을 알게 되었다. 그러나 신문에 실리는 글이기 때문에 선별하지 않을 수 없었다. 물론 이번에 찾아간 곳 외에도, 독자들과 함께 그 의미를 공감할 수 있는 글씨들이 많이 남아 있기는 하다. 언젠가 조용히 찾아가려고 한다.

연재 글을 읽은 독자라면 '변방을 찾아서'라는 기획의 의미를 알고 있을 것이다. 취재 대상을 선정하는 기획 단계에서 알게 된 것이지만, 내가 쓴 글씨들이 대체로 '변방'에 있었다. 그래서 기획 연재의 제목이 자연스럽게 '변방을 찾아서'가 되었다. 지역적으로도 중심에서 멀리 떨어져 있었고, 또 그곳의 성격 또한 주류 담론이 지배하는 공간이 아니었다. 내게 글씨를 부탁했던 사람들도 중심부에 있는 사람들이 아니기도 했을 것이다. 이번 취재에서 빠지긴 했지만 아마 내 글씨가 가장 많은 곳이 민주 열사 묘비와 대학의 추모비일 것이다. 민주화 투쟁 과정에서 산화한 사람들이 역사의 변방이 아님은 물론이다. 열혈 중심이다. 그렇기 때문에 변방의 의미를 단지 주변부의 의미로 읽는다는 것은 지극히 천박한 관점일 수도 있다. 어쨌든 지난 몇 개월 동안 '변방을 찾아서' 매번 먼 곳, 먼 길을 감당하지 않을 수 없었다.

제일 먼저 찾아간 곳은 해남의 땅끝마을이었다. 완벽한 변방이다. 해남 송지초등학교 서정분교의 교실에 '꿈을 담는 도서관'이란 작은 현판이 걸려 있었다. 서울공화국에서 가장 멀리 떨어진 땅끝임에 틀림없고, 정치적·경제적으로 낙후해 가는 농촌이며, 폐교 직전의 시골 초등학교 그것도 분교였다. 현판이 걸려 있는 곳도 사람들이 자주 찾는 커피숍이 아닌 도서관이었다.

두 번째로 찾아간 강릉의 '허균·허난설헌 기념관' 역시 변방이었다. 허균(許筠, 1569~1618)과 허난설헌(許蘭雪軒, 1563~1589)은 조선 시대의 변방이었을 뿐 아니라 강릉을 대표하는 오죽헌(烏竹軒)의 변방이었다. 소설 『홍길동전』의 저자인 허균은 역적죄로 처형당했다. 그의 누이 허난설헌 역시 조선에 태어난 것을 한(恨)하고 여자로 태어난 것을 한하며 스물일곱 나이로 요절한 불우한 시인이다. 허균, 허난설헌 남매는 그들이 살았던 당대 사회의 변방이었을 뿐만 아니라 지금도 멀지 않은 곳에 성역화되어 있는 오죽헌의 율곡(栗谷 李珥, 1536~1584)과 신사임당(申師任堂, 1504~1551)에 비하면 여전히 완벽한 변방이다. 신사임당은 성공한 학부모의 모델이며 율곡은 엄친아의 표본이다.

'박달재'는 찾는 사람도 없었다.「울고 넘는 박달재」의 구성진 노래만 주변 산천을 가득히 울렸다. 그 애절한 가락과 노랫말은 그곳을 500년 전으로 만들어 놓고 있었다. 더구나 지금은 터널이 뚫려 있기 때문에 사람들은 자동차로 박달재 밑을 관통하고 있을 뿐 고개에 오르는 일이 없다. 박달재를 일부러 찾는 사람들 외에는 발길이 끊어진 고개이다. 한양으로 과거 보러 가는 선비들의 이야기도 까마득히 잊혀진 옛날이야기이다. 하물며 박달과 금봉이의 애달픈 순애보는 더 이상 없다. 바로 그런 사실 때문에 박달재는 오늘의 삶을 돌이켜 보게 하는 변방 특유의 관점을 갖는다. 박달재 밑의 어두운 터널을 직선으로 통과하여 어디로 달려가고 있는가를 묻게 된다. 사랑이 상품처럼 간단하게 소비될 수 있는 오늘의 메마른 정서가 애달픈 사랑에 통곡하는 금봉이를 만나 서로 마주 보며 낯설어한다. 변방의 거울이 이와 같다.

'벽초 홍명희 문학비'는 비문이 잘 보이지 않을 정도로 먹빛이 바래어 있었다. 우선 비문에 먹을 넣는 일부터 하지 않을 수 없을 정도로 잊혀진 비였다. 현란한 영상의 시대에 문학의 위상 자체가 변방일 수밖에 없다. 더구나 한국 현대사의 도도한 반공, 반북 논리 속에서 월북한 벽초(碧初) 홍명희(洪命熹, 1888~1968)의 문학비는 설 자리가 없다. 비가 서 있는 장소도 그랬고 비의 크기도 작았다. 작가회의 회원들이 뜻을 모아 어렵게 벽초 문학비를 세우자 금방 비를 깨뜨리겠다는 보훈단체의 항의에 직면하게 된다. 월북한 인사일 뿐 아니라 북에서 부수상까지 역임한 그의 경력이 문제가 되기에 충분했다. 벽초의 일생을 기록한 문학비 뒤편의 해설문을 문제 삼았다. 평생을 애국한 사람이 아니라는 반론이었다. 일제하에서 독립운동을 한 것은 애국이라고 할 수 있지만 월북 이후는 애국이 아니라는 주장이었다. 그리고 문인들에게는 '선생'이지만 자신들에게는 결코 선생이 아니라는 것이었다. '평생'과 '선생'이라는 단어를 빼라는 요구였다. 작가회에서도 거기까지는 수용 의사를 밝혔다. 그러나 '전범'(戰犯)이라는 표현을 삽입하라는 요구에는 응할 수 없었다고 했다. 문학비 건립위원들은 청주MBC에서 방영된 전(前) 노동당 비서 황장엽의 증언을 들어 벽초는 최고 회의에서 끝까지 전쟁에 반대한 사실을 제시했지만, 보훈단체 인사들은 요지부동이었다. 그래서 차라리 깨뜨리게 하든가 묻어 버리자는 의견까지 나왔다고 했다. 결국 '평생'과 '선생'이란 표현을 지우는 선에서 타협을 보았다고 했다. 그런 우여곡절을 겪고 남아 있기는 했지만 문학비가 서 있는 제월대 광장은 펜션의 주차장으로 변하여 찾기도 쉽지 않았다. 벽초는 그 사람뿐만 아니라 비문까지도 먹빛이 바래어 읽을 수 없을 정도로 잊혀져 가고 있었다.

남아 있는 것은 『임꺽정』이다. 장편 대하소설의 최고봉으로 일컬어지는 벽초의 소설 『임꺽정』만 남아 있다. 그것도 괴산의 고추 홍보 캐릭터로 남아 있다. 버스 터미널 옥상에 고추를 들고 있는 임꺽정의 캐릭터가 눈에 띈다. 거리의 가로등에도 고추와 임꺽정이 올라서 있다. 정작 소설 『임꺽정』의 작가가 누군지 『임꺽정』의 문학적 위상이 어떤 것인지는 관심이 없다. 고추를 먹으면 임꺽정처럼 힘이 넘친다는 마케팅의 소재로 남아 있을 뿐이다.

그러나 벽초와 『임꺽정』은 과거가 아니라 미래이다. '오래된 미래'이다. 좌우를 아울렀던 벽초의 유연한 사고와 진정성이 그렇고, 임꺽정과 그의 동무들이 보여 준 노마디즘(nomadism)의 삶이 그렇다. 벽초 홍명희 문학비는 분명 변방의 작은 공간에서 잊혀져 가고 있지만 그것은 탈냉전과 탈근대의 장(場)이다. 평화와 공존의 철학을 앞서서 보여 주고, 영토와 소유의 협소한 틀을 깨뜨리고 미련 없이 흘러가는 '길 위의 삶'을 앞당겨 보여 준다. 한마디로 미래 담론의 창조 공간이다.

오대산 상원사의 '문수전'은 막상 상원사를 찾아가는 아침까지도 글 쓸 일이 걱정이었다. 상원사라는 조계종 사찰의 대웅전 현판을 변방과 연결하기가 어려웠다. 더구나 불교는 한국 최대의 종단이 아닌가. 그리고 또 하나의 고민은 문수전 현판이 상징하는 '지혜'(智慧)의 변방성에 관한 것이었다. 지혜란 깨달음이고 깨달음의 세계는 한없이 넓고 깊다. 그 넓고 깊은 세계의 중심이 지혜가 아닐 수 없다. 그것을 변방이라 하자니 참으로 난감했다. 그러나 막상 상원사에 도착하여 스님들과 이야기를 나누는 동안, 그리고 사찰을 찾아온 불자들의 모습을 접하면서 차츰 생각의 갈피가 잡히기 시작했다. 역시 현장의 역동성이었다. 내가 그동안의 경험에서 깨달은 것이 있다면 자료 수집과 집필 구상 등 준비를 많이 할수록 틀에 갇힌다는 사실이다. 쌓여 있는 자료가 선입관이 되기 때문이다. 그러한 선입관 때문에 결국 새로운 것을 만나지 못하게 된다. 여행이란 자기가 살고 있는 성(城)을 벗어나는 해방감이 생명이다. 부딪치는 모든 것들로부터 배우려는 자세가 없다면 여행은 자기 생각을 재확인하는 것이 된다.

오대산은 가지고 있던 생각을 내려놓게 했다. 우선 고속으로 달려온 우리들을 무색케 했다. 그 품에 안겨 있는 모든 것들이 더디고 말이 없었다. 노구를 이끌고 산사를 찾아온 불자들의 모습도 어느새 산을 닮아 있었다. 지나온 세월을 돌이켜 보는 듯 그분들의 눈길은 하나같이 자신의 내부를 응시하고 있었다. 서울에는 없는 눈빛이었다. 단풍철도 지나 을씨년스런 산사의 풍경이 보여 주는 것은 놀랍게도 '서울'이었다. 어둠이 북극성을 보여 주듯이, 지혜의 신 미네르바의 부엉이가 황혼에 날개를 펴듯이 변방은 변방 특유의 조망(眺望)을 가지고 있었다. 자본주의라는 소유의 사회에서 무소유의 주장은 비현실 그 자체이다. 새로운 정보와 지식이 끊임없이 밀려오는 정보사회에서 결코 디지털화할 수 없는 '지혜'라는 이름의 고독한 깨달음이 설 자리는 없다. 무소유든 지혜든 그것의 결정적인 결함은 '상품'이 될 수 없다는 점이다. 상품이 못 되는 것은 팔리지 않고, 팔리지 않는 물건은 살아남지 못하는 법이다. 그러나 참으로 역설적인 것은 무소유와 지혜는 팔리지 않으면서도 살아남는다는 사실이다. 팔리지 않는다는 그 역설적 반(反)시장 논리가 상품의 허상을 드러내면서 스스로 그 대척점(對蹠點)에 선다. 무소유는 소유의 물질성을 제거하고 지혜는 반대물인 우직함으로 전화(轉化)한다. 그것이 바로 변방의 지혜일 것이다.

이번의 변방 여행에서 느끼는 감동은 변방 개념의 일정한 발전이었다. 변방을 공간적 개념으로 이해하는 것은 변방에 대한 오해이다. 누구도 변방이 아닌 사람이 없고, 어떤 곳도 변방이 아닌 곳이 없고, 어떤 문명도 변방에서 시작되지 않은 문명이 없다. 어쩌면 인간의 삶 그 자체가 변방의 존재이기도 하다. 그런 점에서 변방은 다름 아닌 자기 성찰이다.

용과 고래의 한판 승부라는 타종의 엄청난 굉음을 좇아가 이윽고 도달한 곳은 묵언(默言)이었다. 어느 시인의 고백처럼 소리의 뼈는 침묵이었다. 충격에서 시작하여 긴 여운을 거쳐 정적으로 끝나는 생성과 소멸의 여정이었다. 그리고 그것은 탈주와 접속의 장(場)이었다. 그런 점에서 지혜는 자기와의 불화(不和)이고 시대와의 불화이다. 지혜가 고요와 깨달음의 초월 공간이라고 이해하는 것이야말로 지혜에 대한 오해이다. 마찬가지로 무소유 역시 사회와의 불화이다. 타인의 불행으로부터 자신을 안전하게 격리시켜 주는 소유라는 이름의 요새(要塞), 그 완고한 요새를 향한 싸움이다. 성채가 무너지는 것은 대체로 두 가지 이유 때문이다. 첫째는 고립(孤立)이고, 둘째는 내분(內紛)이다. 고립은 스스로 자초하는 것이며, 내분은 더 큰 소유를 부르는 자기 논리 때문이다. 소유는 소유를 부르고 불안은 불안을 낳기 마련이다. 소유란 사람과 물건이 맺는 관계가 아니라 사람과 사람이 만들어 내는 관계이다. 물건을 다른 사람의 접근으로부터 차단하는 격리와 고립이 소유이다. 더구나 우리 자신과 우리의 삶 자체가 외딴 섬이 아니다. 인도의 변방을 지키고 있던 간디(Gandhi, 1869~1948)에게 있어서 진보〔progress〕는 단순화〔simplification〕였다. 그리고 제자 번지(樊遲)의 물음에 대한 공자(孔子)의 답변에서 지혜〔知〕는 인간 이해〔知人〕였다.

전주에는 전북대학교 교정에 이세종(1959~1980) 열사의 추모비가 있고, 또 전북대학교에서 10여 분 거리의 덕진공원에 김개남

(金開南, 1853~1895) 장군의 추모비가 있다. 마석의 모란공원과 서울의 여러 대학교 교정에 내가 쓴 묘비가 많지만 멀리 전주에 있는 추모비를 찾아간 까닭은 묘비명에 담겨 있는 간절한 목소리 때문이다. 이세종 열사의 추모비에는 "다시 살아 하늘을 보고 싶다"라는 글귀가 새겨져 있다. 이 묘비명은 이세종의 학우였고 계엄군이 난입하던 날 밤에 전북대학교 학생관에 함께 있었던 김성숙 선생의 글이다. 자기가 이세종이라면 어떤 마음일까를 생각하면서 지은 글이라고 했다. 마침 청명한 가을이어서 가을볕을 담뿍 받고 있는 '다시 살아 하늘을 보고 싶다'는 글귀는 이세종의 육성이었다. 그리고 전북대학교에서 10여 분 거리에 있는 '개남아 개남아 김개남아'라는 김개남 장군 묘비명도 마찬가지였다. '개남아'를 반복해서 부르는 사람들의 목소리를 새겨 놓은 것이다. 당시 널리 불렸던 "새야 새야 파랑새야"의 대구이기도 하다. "개남아 개남아 김개남아, 수천 군사 어디 두고 짚둥우리가 웬 말이냐"라는 묘비명에서는 수천 군사를 휘몰아 거칠 것이 없던 김개남 장군이 새끼줄에 묶여 짚둥우리가 되어 끌려가는 모습을 탄식하는 농민들을 보게 된다. 이세종 열사와 김개남 장군의 묘비명에서는 사람의 목소리가 들려온다.

역사의 인물이 된 사람은 오로지 역사의 화신이 될 뿐 막상 그 개인의 인간적 애환은 사라진다. 대부분의 기념비나 동상의 주인공은 역사적 대의를 부각시키는 역사 교육 그 자체가 된다. 그러나 당자의 인간적 애환이 제거된 대의만으로 과연 인간적 감동을 줄 수 있을까. 그리고 모든 교육은 인간 교육이어야 하지 않을까. 그런 생각이 늘 마음 한구석에 남아 있었다. 더구나 전주는 내게 각별한 도시이기도 하다. 20년 수형 생활을 마치고 출소한 곳이기 때문이다. 본문에서도 밝혔듯이 참으로 애환(哀歡)이 교차하는 도시이다. 출소 당일, 8월의 햇볕 속으로 걸어 나오면서 20년 수형 생활은 이제 추억의 시작이라고 생각했다. 나중에 그것이 단지 추억으로 끝나는 것이 아니라는 사실을 깨닫게 되지만, 전주는 내게 아픈 기억을 송별하는 별리(別離)의 장소이면서 8월의 햇볕을 만나는 새로운 시작의 장소이기도 하였다. 나의 20년 수형 생활이 분단이라는 현대사의 파편이 몸속에 파고든 상처였다면, 그것을 일단 추억의 장으로 묻고 햇볕 속으로 걸어 나오는 출소는 비록 성한 걸음은 아니었지만 독보(獨步)였고 해방(解放)이었다. 나는 아픔이 없는 기쁨과 기쁨이 없는 아픔은 진실하지 않다고 생각한다. 그래서 사람을 만나거나 어떤 우연한 여행지라 하더라도 항상 그것이 담고 있는 빛과 그림자, 애(哀)와 환(歡)을 편견(偏見)하는 시각을 늘 불편해한다. 그것이 아마 내가 동상 앞에 오래 머물지 않는 이유인지도 모른다.

전북대학교 이세종 열사 추모비를 찾아갔을 때 우리를 반갑게 맞아 준 사람들은 다행히 이세종 열사의 학우들과 선배들이었다. 80년 5월 17일 밤에 학생관에서 함께 농성하던 학우들이었다. 학우들은 지금도 그날 밤의 기억을 지우지 못하고 살아가고 있었다. 그러나 검거를 피하여 학생관을 먼저 빠져나간 선배들이 더 마음 아파하고 있었다. 계엄령이 선포되면 경찰 병력이 난입할 것이고 지명수배된 총학 간부들이 우선 검거 대상임은 물론이다. 그래서 총학 선배들이 검거를 피해 미리 학생관을 빠져나갔다. 불침번이던 이세종은 각 방으로 뛰어다니며 학우들을 깨웠고, 그것이 계엄군으로 들이닥친 공수단의 표적이 되었다. 그는 학생관 옥상으로 달아났지만 결국 붙잡혀 집단 구타를 당한 뒤 추락사하게 된다. 학생관에서 그 참상을 목격한 학우들과 먼저 빠져나와 더 무거운 죄책감에 시달리는 선배들이 그동안 해마다 5월 17일이 되면 어김없이 추모비를 찾아오고 있었다. 벌써 30년이 지나서 아픈 상처가 아물고도 남을 세월이지만 오히려 더욱 처연해진다고 했다. 이제는 당시 이세종 나이의 아들딸들을 둔 부모가 되어 있기 때문이다. 이세종은 학우가 아니라 자신의 자녀의 모습으로 다가온다는 것이다.

　추억이란 세월과 함께 멀어져 가는 강물이 아니다. 우리들이 살아가면서 만나는 숱한 사연을 계기로 다시 되살아나는 것이다. 그래서 나이를 거듭할수록 우연(偶然)이 인연(因緣)으로 바뀐다고 하는 것이리라. 우연이라고 생각했던 사소한 일들도 결국 우연한 조우가 아니라 인연의 끈을 따라 어김없이 만나게 되는 필연(必然) 임을 깨닫는다. 잘못 배달된 편지 한 장, 길을 묻는 행인, 물 한 모금 청하는 나그네라 하더라도 그것을 우연으로 접어 버리기에는 어딘가 석연치 않은 마음이 되는 것도 아마 그 때문인지 모른다. 하물며 "다시 살아 하늘을 보고 싶다"는 당자의 육성과 "개남아 개남아"를 탄식하는 농민들을 그 죽음의 현장에서 만날 때에는 더욱 그렇다. 그것은 결코 과거의 화석이 아니다. 우연히 그 앞을 지나는 모든 사람에게 어김없이 말을 건네고 있었다.

　서울 시장실에 걸려 있는 〈서울〉이란 작품은 내게 매우 애착이 가는 글이다. 그러나 글씨가 있는 곳이 시장실이어서 그동안 볼 수 있는 기회가 없었다. 1995년에 작품을 서울시에 기증하고 난 후 이번이 처음이다. 17년 만에 만나는 셈이다. 서울시청은 임시 청사여서 옛날처럼 넓지도 않았다. 더욱이 박원순 시장은 시장실을 고서점 콘셉트로 꾸며서 매우 복잡했다. 그 비좁은 벽면 한쪽에 글씨가 걸려 있었다. 아마 우리들의 취재 방문을 앞두고 시장실로 옮겨 놓은 듯했다. 취임 초기 바쁜 일정의 틈새를 비집고 방문한 우리 일행과 처지가 비슷해 보였다. 좋은 곳으로 시집가서 잘살고 있는 모습이 못 되었다. 그나마 다행스러운 것은 박원순 시장의 허심탄회한 응대였다. 가장 부담스러웠던 것은 우리가 시장실을 방문한 목적이 '변방을 찾아서'라는 취재 방문이라는 점이었다. 1천만 서울시민의 수장인 서울시장을 혹시라도 '변방'으로 격하한다는 인상을 주지 않을까 걱정되었다. 하지만 그런 우려와는 달리 박 시장은 변방의 의미를 흔쾌하게 받아들였다. 바로 자신이 변방 출신이며, 역사는 변방이 중심부로 진입하는 과정이라는 역사관을 서슴없이 토로하였다. 뿐만 아니라 앞으로는 서울 시정에도 시민운동이라는 변방 공간의 경험이 적극 도입되어야 한다는 의지를 보였다. 그러한 의지는 이를테면 서울시가 북악산의 권력이기보다는 한강수로 상징되는 민초들의 애환에 가까이 다가가겠다는 뜻으로 이해되었다. 그래서 〈서울〉이라는 작품의 의미를 설명하기에 한결 마음이 편했다.

〈서울〉이란 작품은 '서'와 '울'을 각각 북악산과 한강수로 형상화하고 각각의 의미를 방서로 풀어썼다. "북악무심오천년(北岳無心五千年) 한수유정칠백리(漢水有情七百里)." 북악은 왕조 권력을 상징하고 한수는 민초들의 애환을 상징하는 것으로 대비하였다. 북악과 한수, 무심과 유정, 5천 년과 700리로 대비하여 왕조와 백성의 정서를 대치했다. 조선이 서울을 도읍으로 삼은 기간이 500여 년이기는 하지만, 북악은 우리 역사 전반에 걸쳐서 군림한 정치권력 그 자체를 상징하기에 충분했다. 그에 비하여 저 멀리 가장 낮은 곳으로 굽이굽이 흐르는 한강수는 고단한 삶을 뒤척이는 백성들의 몸부림이기도 할 것이다. 북악산과 그 일대에 위용을 자랑하는 궁궐들은 권력의 중심부이다. 권력 투쟁이 거기서 영위되는 정사(政事)의 전부였다고 해도 과언이 아니다. 백성들의 애환은 뒷전이었고 그것이 탁상에 오른 경우에도 권력 투쟁의 방편에 불과

했다. 그런 북악을 멀리 두고 한강수는 유유히 흘러간다.

나는 이 작품이 서울시청에 걸려 있기 때문이기도 하지만 서울시는 북악보다는 한강이어야 한다고 생각한다. 권력의 중심이기보다는 시민들의 삶을 껴안고 흐르는 강물이어야 한다고 생각한다. 본문에서 산수대우(山水大友)를 예로 들어 산과 물은 오랜 친구(大友)이기 때문에 서로 환포(環抱)해야 한다고 하였다. 그러나 자연에서와는 달리 역사적으로 북악과 한수가 환포하는 경우는 없다. 그것은 지금도 마찬가지이다. 한수는 북악을 신뢰하지 않고 북악은 한수의 강물 소리를 듣지 않는다. 이상적인 산수의 관계는 차라리 반대가 되어야 한다는 생각이 든다. 한수가 무심하고 북악이 유정해야 맞다. 노자(老子)는 『도덕경』(道德經)에서 가장 좋은 정치란 임금이 있기는 있되 그가 누군지 백성들이 모르는 경우라 했다(太上 不知有之). 그렇기 때문에 북악은 유정하되 한수는 차라리 무심한 것이 좋다. 산수대우의 경우를 노자의 분류에 따라 비유해 본다면 아마 차선의 정치라고 할 수 있다. 임금이 백성을 친애하고 백성이 임금을 예찬하는 경우(親而譽之)에 가깝기 때문이다. 그다음이 두려운 정치, 포악한 정치이며, 최악의 정치는 백성들로부터 모멸을 받는 정치이다. 불신과 조롱을 받는 정치를 최하로 본다. 오늘날의 북악과 한수의 관계가 어느 경우에 흡사한지 생각해 볼 일이다.

서예 작품으로서의 〈서울〉은 디자인을 전공하는 사람들로부터 칭찬을 받았다. 한문 서예의 경우는 한자 자체가 상형문자이기 때문에 그 내용과 형식을 일정하게 조화시키는 일이 그렇게 어렵지는 않다. 갑골문(甲骨文)이나 전서체(篆書體)는 글자가 곧 그림이기도 하다. 그러나 한글 서예의 경우는 그렇지 않다. 한글은 기호의 조합이다. 각박한 기호에 불과한 한글을 형상화했다는 점을 전문가들이 가장 먼저 평가해 주었다. 그리고 서울을 북악산과 한강으로 압축하여 표현하고 그 위에 다시 무심한 왕조 권력과 민초의 애환을 대비시킴으로써 역사적 함의(含意)를 더했다는 점도 높이 평가해 주었다.

서울 정도(定都) 600년을 기념하여 서울을 주제로 한 초대전을 기획한 예술의전당 서예부 이동국 학예실장으로부터 출품 청탁을 받을 때만 해도 나는 출품할 생각이 전혀 없었다. 내가 서예를 본격적으로 사사받은 정향(靜香) 조병호(趙炳鎬, 1914~2005) 선생님의 지론이 그랬다. 우리나라 역사에 서예가란 없다는 것이다. 직업인으로서는 사자관(寫字官), 녹사(錄事)가 있었을지언정 예술 작품으로서의 서예를 직업으로 하는 문화란 없다는 것이 선생님의 지론이었다. 붓을 일상적인 필기 도구로 사용했기 때문에, 선비 중에 글씨를 잘 쓰고 그 학문과 인품이 뛰어난 사람의 글을 사람들이 애장하면서 서예가 예술성을 더해 갔다는 것이다. 그러한 경로 때문에 서예 작품은 항상 사람과 글씨가 아울러 평가되는 인문학적 경지에 올랐다는 것이다. 바로 이 점이 인격과 무관하게 평가되는 서양 예술 작품과 구별된다는 지론을 자주 펼쳤다. 물론 당신 스스로는 서예가가 아니라 학자(學者)로 자처하셨다. 당시 우리나라 서예가로서 중국의 고궁박물관에 글씨가 소장된 유일한 분이었고, 완당(阮堂) 김정희(金正喜, 1786~1856)의 맥을 잇고, 우하(又荷) 민형식(閔衡植, 1875~1947) 선생과 위창(葦滄) 오세창(吳世昌, 1864~1953) 선생께 사사하신 분이었다. 완당, 원교(圓嶠 李匡師, 1705~1777)를 비롯하여 우리나라의 명필은 서예가이기 이전에 학자였고 처사였다는 것이다. 그래서 나 역시 서예가란 생각이 아예 없었다. 나는 서예가가 아니기 때문에 출품하지 않는다며 냉정한 거절 의사를 표했다. 그러자 이동국 실장이 며칠 후에 다시 전화를 걸어왔다. 서예가뿐만 아니라 사회의 저명인사들의 글씨도 초대된다고 했다. 나는 이번에는 저명인사가 아니라는 답변으로 거절했다. 저명인사가 아니기도 했지만 도리어 20년 동안 아예 이름 없이 번호로만 존재했던 기억이 났다.

그랬으면서도 결국 〈서울〉 작품을 출품하게 된다. 거절은 했으면서도 마음 한편으로는 '서울'을 주제로 한다면 어떤 작품을 쓸 것인가 하는 생각이 떠나지 않았다. 버스 속에서도 생각하고 길을 걸으면서도 생각했다. 그러다가 북악과 한강, 왕조와 민초의 애환 등 구상이 떠올라 곧 작품 제작에 들어갔고 회심의 작품을 얻게 되자 출품한 것이다. 그리고 또 한 가지 이유로 이 실장의 간곡함도 뿌리치기 어려웠다. 비록 전화 통화로만 이야기를 나눈 정도였지만 그 너머에 있는 이 실장의 진심이 전해졌다. 서예가도 아니요 저명인사도 아니라며 두 번이나 출품 요청에 응하지 않자, 그렇다면 서예가와 저명인사 반반으로 해서 출품할 수도 있지 않겠느냐는 말을 덧붙이기까지 했다. 나중에 읽어 보게 되었지만, 이 실장은 신영복 서체에 관한 연구 논문을 발표하여 여러 가지 각도에서 분석하고 평가하는 등 대단한 애착을 보여 준 분이기도 하다. 지금에 이르기까지 23년 동안 예술의전당 학예실장으로서 우리나라의 가장 뛰어난 서예전을 기획·전시하고 있다. 이 실장의 서예에 대한 사명감은 그날 박원순 시장을 만나서도 유감없이 발휘되었다. 디자인 수도 서울의 화룡점정이 문자문화라는 점을 강조하였다. 간판 글씨만 하더라도 문자와 영상 시대에 맞는 디자인이 필요하고 그 속에 역사가 담겨야 한다는 지론을 펼치기도 했다. 붓의 문화, 칼의 문화가 중첩되고 쌓여야 되는데 자판 문화가 과잉 상태여서 붓의 문화가 변방화되었다고 했다.

생각하면 문학 서사와 영상 서사라는 두 개의 압도적 서사 형식에서 바야흐로 영상 서사로의 대전환이 진행되고 있다고 해도 과언이 아니다. 아마 이동국 실장의 우려는 이 두 가지가 적절히 조화되는 것이 필요하다는 생각이라고 할 수 있을 것이다. 영상 서사도 물론 상상력을 요구하는 이른바 '생각하는 영상'이 없지 않겠지만, 그러한 영상 서사 형식은 오히려 소수이고 대다수 영상 서사는 복제와 카피라는 대단히 안이한 방향으로 진행될 가능성이 높다. 기호로서의 한글이 이처럼 도도한 영상 서사의 환경 속에서 어떻게 서사 양식으로서의 영역을 지켜 갈 것인지 우려하고 있는 것이다.

어쨌든 서울시청이 700리 유정한 한강수처럼 우리 시대의 변방이 되기를 바란다. 그리고 시민운동권 출신의 민선 시장인 박원순 시장의 변방성이 새로운 서울의 창조성으로 아름다운 결실을 맺을 수 있기를 기대한다.

봉하마을은 서울로부터 일단 멀다는 점에서 변방임에 틀림없었다. 경남 김해시 진영읍 본산리. 아마 노무현 대통령 이전에는 별로 알려지지 않은 마을이었다. 그곳에서 멀지 않은 밀양에서 자란 나도 처음 듣는 이름이었다. 서울에서 아침 일찍 출발해서 다섯 시간을 달려서야 도착했다. 승용차로 묘역까지 직행하는 경우가 그렇다. 49재 때에는 서울에서 밀양역까지 KTX로 와서, 밀양역에서 다시 진영행 열차로 환승하고, 진영역에서 봉하마을 입구까지 버스를 탔다. 마을 입구에서 하차한 다음 다시 7월의 뙤약볕 속을 걸어서 당도했다. 먼 곳이었다. 지금도 이곳을 찾는 참배객 중의 많은 사람들이 걸어서 찾아오고 있었다. 묘역에 참배하고 나서 다시 봉화산과 사자바위까지 걷는다. 순례자가 되어 찾아오고 있었다.

'변방을 찾아서'라는 기획 연재는 봉하 묘역을 끝으로 일단 마감하였다. 찾아갈 글씨가 여러 곳에 더 있지만 마지막 찾은 곳이 봉하 묘역이라는 점에서 마감하기에 미련이 없었다. 봉하 묘역은 그만큼 변방의 의미가 증폭되어 안겨 오는 곳이기 때문이다. 작은 시골 마을의 작은 비석이 놓여 있는 묘역에 해마다 100만이 넘는 참배객이 순례자가 되어 찾아오고 있다. 이 사실 하나만으로도 변방의 창조성은 더 이상의 설명이 필요하지 않다. 더구나 묘역의 주인공인 고(故) 노무현 대통령의 삶은 '스스로를 추방해 온 삶'이었기 때문이다. 낮은 곳, 변방으로 자신의 삶을 추방하는 삶이었음에도 불구하고 역설적이게도 '대통령'이라는 중심에 서게 되는 그야말로 변방의 창조성을 극적으로 보여 준 삶이다. 대통령에서 하야한 다음 다시 100척 부엉이바위 위에서 자신을 투신한다. 그리고 작은 돌 한 개로 남는다. 그러나 이 궁벽하고 작은 묘역에 매년 100만의 순례자가 찾아오고 있다. 죽음의 자리가 생환(生還)의 현장이 되고 있는 것이다. 모든 것이 끝난 곳에서 다시 통절한 각성과 당찬 시작이 이어지고 있음에 있어서랴.

인류사는 언제나 변방이 역사의 새로운 중심이 되어 왔다. 역사에 남아 사표(師表)가 되는 사람들 역시 변방의 삶을 살았다. 일일이 열거하지 않아도 도처에서 얼마든지 만날 수 있다. 오리엔트의 변방이었던 그리스·로마, 그리스·로마의 변방이었던 합스부르크와 비잔틴, 근대사의 시작이 되었던 네덜란드와 영국 그리고 영국의 식민지였던 미국에 이르기까지 인류 문명은 그 중심지가 부단히 변방으로, 변방으로 이동해 온 역사이다. 우리는 왜 문명이 변방으로 이동하는지, 변방이 왜 항상 다음 문명의 중심지가 되는지에 대하여 고민해야 한다. 그것이 변방에 대한 즉물적 이해를 넘어 그것의 동학(動學)을 읽어 내는 것이기도 하다. 동학은 운동이고 운동은 변화이다. 문명도 생물이어서 부단히 변화하지 않으면 존속하지 못한다. 모든 살아 있는 생명은 부단히 변화한다. 변화하기 때문에 살아 있는 것이다. 중심부가 쇠락하는 가장 큰 이유는 변화하지 못하기 때문이다. 변방이 새로운 중심이 되는 것은 그곳이 변화의 공간이고, 창조의 공간이고, 생명의 공간이기 때문이다. 본문에서도 기술하고 있지만 중국의 역사도 변방의 역사이다. 문명의 중심이 변방으로 옮겨 간 역사는 아니라고 하더라도 고대에서부터 현대 중국에 이르기까지 변방의 역동성이 중심부로 진입하여 새롭게 만들어 온 역사이다. 치세와 난세를 거듭하는 중국사 자체가 변방과 중심의 부단한 교체이다. 현대 중국에 대한 이해의 관건 역시 변방의 창조성이다.

중요한 것은 변방이 공간적 개념이 아니라는 사실이다. 그런 점에서 변방은 변방성, 변방 의식의 의미로 이해되어야 한다. 비록 어떤 장세(場勢)의 중심부에 위치하고 있는 경우라 하더라도 모름지기 변방 의식을 내면화하는 자세가 필요하다. 크게 보면 인간의 위상 자체가 기본적으로 변방이기 때문이다. 우주의 광활함과 구원함을 생각한다면 인간의 위상 자체는 언제 어디서든 변방의 작은 존재일 수밖에 없다. 그렇기 때문에 변방 의식은 세계와 주체에 대한 통찰이며, 그렇기 때문에 변방 의식은 우리가 갇혀 있는 틀을 깨뜨리는 탈문맥이며, 새로운 영토를 찾아가는 탈주(脫走) 그 자체이다. 변방성 없이는 성찰이 불가능하다. 이것은 세상에서 생명을 부지하는 하나의 생명체로서도 그러하고, 집단이든 지역이든 국가나 문명의 경우든 조금도 다르지 않다. 스스로를 조감하고 성찰하는 동안에만, 스스로 새로워지고 있는 동안에만 생명을 잃지 않는다. 변화와 소통이 곧 생명의 모습이다.

그러나 우리가 결코 잊어서는 안 될 가장 결정적인 전제가 있다. 변방이 창조 공간이 되기 위해서는 콤플렉스가 없어야 한다는 것이다. 중심부에 대한 열등의식이 없어야 하는 것이다. 중심부에 대한 콤플렉스를 청산하지 못하는 한, 변방은 그야말로 '변방'(邊方)에 지나지 않는다. 중심부에 대한 허망한 환상과 콤플렉스를 청산하지 못하는 한, 변방은 중심부보다 더욱 완고하고 교조적인 틀에 갇히게 된다. 조선 시대의 성리학(性理學)이 그렇다. 소중화(小中華)라는 교조적 틀에 갇혀 결국 시대의 조류에서 낙후되었던 역사가 그렇다. 그러한 콤플렉스는 지금도 다르지 않다. 한반도는 그 지리적 특성에서 변방으로서의 창조성을 극대화할 수 있는 뛰어난 조건을 갖추고 있다. 그럼에도 불구하고 예나 지금이나 아류(亞流)의 역사를 청산하지 못하고 있는 것이 바로 콤플렉스 때문이다. 콤플렉스는 한 개인의 경우에도 결정적이다. 그의 판단에 최후까지 영향력을 행사한다. 안경 하나, 단어 한 개를 고르는 경우에도 콤플렉스는 작용하고, 헤어스타일이나 가방 하나를 선택할 때에도 어김없이 끼어든다. 무서운 것은 콤플렉스의 개입을 본인 스스로 자각하기 어렵다는 사실이다. 콤플렉스는 마치 잠재의식처럼 무의식을 지배한다. 한 개인의 경우도 그렇거든 하물며 사회의 경우에는 더욱 심각하다. 열등감과 콤플렉스가 사회 문화 속에 구조화되어 있는 경우라면 최소한 그 사회는 주체적이고 창조적인 목표를 세우지 못한다. 참으로 심각한 문제가 아닐 수 없다. 우리가 할 수 있는 최대치는 우리가 어떤 콤플렉스를 가지고 있는가를 깨닫는 일이다. 유일한 위로라면 그러한 자각이 그나마 가능한 공간이 바로 변방이라는 사실이다.

조선 시대 최고의 사상가이자 문필가로 연암(燕巖) 박지원(朴趾源, 1737~1805)을 꼽는 데 이의가 없다. 그런데 놀라운 것은 연암이 16세 때까지 '글을 못했다'는 사실이다. 물론 문맹은 아니었지만 반가의 자제가 읽어야 하는 독서량에 비해 대단히 빈약했던 것만은 분명하다. 열여섯에 장가를 들었는데 처가 쪽 사람들이 연암의 독서 수준을 알고는 깜짝 놀랐다고 한다. 장인인 이보천(李輔天)에게 『맹자』(孟子)를 배우고, 처삼촌인 이양천(李亮天)에게 『사기』(史記)를 배웠다는 기록이 『과정록』(過庭錄)에 전한다. 연암의 이 이야기는 오히려 『열하일기』(熱河日記)로 대표되는 연암의 창조성이 어디서 온 것인가를 다시 한 번 생각하게 한다. 경제적으로 어려웠던 연암의 어린 시절이 오히려 당시 선비들이 갇혀 있던 사륙변려문(四六騈儷文)이나 고문 투에 갇히지 않을 수 있게 하였고, 더구나 교조화된 성리학의 틀로부터 자유로울 수 있게 했다. 사실은 조선의 건국 자체가 변방성을 토대로 한 것이다. 이성계(李成桂, 1335~1408)는 널리 알려진 바와 같이 20세까지 함길도 변방에서 호복(胡服) 변발(辮髮)을 한 원(元)나라 신민이었다. 뿐만 아니라 고려 말의 개혁파들만 하더라도 당대 사회의 변방인이었다. 역성혁명파였든 온건개혁파였든 일단은 친원파(親元派) 권문세족과는 분명히 구별된다는 점에서 중심부가 아닌 변방이었다. 그리고 위화도 회군 이후에 다시 갈리게 되는 역성혁명파와 온건개혁파의 차이도 변방과 중심부로 나눌 수 있다. 역성혁명파가 농민적 성격이 강했던 반면 온건개혁파는 지주적 성격이 강했다. 특히 신분에 있어서도 정몽주(鄭夢周, 1337~1392) 등 온건개혁파에 비하여 역성혁명파는 대체로 서얼의 핏줄을 잇고 있어서 중심부에서 한발 비켜난, 이를테면 변방 혈통이었던 셈이다. 개혁 군주 정조(正祖)의 개혁 중심 기관인 규장각의 사검서(四檢書) 이덕무(李德懋, 1741~1793)·유득공(柳得恭, 1748~1807)·박제가(朴齊家, 1750~1805)·서이수(徐理修, 1749~1802)도 모두 서얼 출신이었다. 당시 중심부를 장악하고 있던 노론(老論) 사대부들이 자기들의 기득권을 포기하고 개혁 주체가 될 수 없었음은 물론이다.

사실 정조 자신이 비록 임금이기는 하였으나 변방의 군주였다. 노론 집권 세력의 집요한 음해에도 불구하고 기적적으로 즉위하였지만, 임금으로 즉위한 이후에도 그들의 포위 속에서 벗어나지 못한 채 결국은 자신의 정치적 포부를 제대로 펼치지 못하고 죽음에 이른 임금이었다. 정조의 이러한 변방성이 조선조 최고의 개혁 군주, 철인(哲人) 군주의 면모로 남는 것이다.

변방은 그런 것이다. 비록 변방에 있는 글씨를 찾아가는 한가한 취재였지만, 나로서는 취재를 마감하기까지의 모든 여정이 '변방'의 의미를 다시 한 번 돌이켜 볼 수 있었던 아름다운 추억으로 남아 있다. 이 책에 실린 글들이 그런 상념을 담는 데 훨씬 못 미치는 것은 물론이다. 글의 양도 부족하고 붓글씨라는 소재 자체가 그럴 수밖에 없다. 그러나 모든 글들은 독자들의 것이다. 내가 신문의 연재 글을 책으로 내는 데에 동의한 것도 '독자의 탄생'을 믿기 때문이다. 빈약한 글들은 이제 독자들의 풍부한 상상력의 날개를 달고 비상을 시작하리라고 기대한다. 작은 돌멩이 하나가 완고한 벽을 깨뜨리지는 못한다. 그러나 깜깜한 어둠 속을 달려가 벽에 부딪치는 '작은 소리'를 보내옴으로써 보이지 않는 벽의 존재를 알리기에는 결코 부족하지 않다. 독자 여러분의 창조적 독법을 기대한다.

길지는 않았지만 그동안 현장에서 맞아 주시고 도움을 주신

많은 분들께 감사드린다. 그리고 먼 길을 함께했던 '변방팀' 여러 분께 감사드린다. 2부 연재를 계속하지 못하고 끝내게 되어『경향신문』의 편집국장님을 비롯하여 편집부 여러분께 죄송한 말씀을 드린다. 한 권의 책으로 만들어 내느라 고생하신 돌베개 편집부 여러분께도 감사의 말씀을 드린다. 사실은 취재 마지막 즈음에는 나 역시 병원에서 진료를 받을 정도였음을 밝힘으로써 그간의 죄송함을 조금이나마 덜고자 한다.

꿈은 가슴에 담는 것

― 해남 송지초등학교 서정분교

'변방을 찾아서' 제일 첫 번째 방문지로 찾아간 곳은 전라남도 땅끝마을 해남이었다. 그것도 초등학교의 분교였다. 사실 어디를 첫 번째 방문지로 할 것인가를 고민하였다. 우선 제목에 걸맞게끔 '변방'이어야 했다. 그리고 또 한 가지는 크지 않은 글씨가 있는 곳이어야 했다. 작은 목소리로 시작하고 싶었기 때문이다. '변방' 기획은 내가 쓴 글씨가 있는 곳을 찾아가서 그 글씨에 얽힌 이야기를 풀어내는 것이다. 먼저 내 글씨가 있는 곳을 하나하나 점검한 다음 그중에서 대상지를 선정하고 다시 취재 순서를 정하는 방식으로 전체 기획을 짰다. 그렇게 해서 첫 방문지로 정한 곳이 해남 땅끝마을이다. 땅끝마을은 이름 그대로 변방임에 틀림없었다. 더구나 농촌의 분교였다. 농촌은 줄곧 인구가 줄고 노령화되고 있다. 농촌 인구의 감소와 노령화는 바로 초등학교의 폐교로 이어졌다. 그중에서도 분교는 폐교 1순위였다. 전라남도 해남군 송지면 서정리 서정분교의 도서관에 내가 쓴 작은 현판이 걸려 있었다.

'변방' 취재팀은 정지윤 사진기자, 최희진 편집기자, 수송부의 이

꿈을 담는 도서관

서른 넘은 설계

석진 기사 그리고 나를 포함해서 모두 네 사람이었다. 나는 물론 초면이었지만 세 분은 같은 팀으로 오랫동안 함께 일해 온 친숙한 사이였다. 아침 일찍 신문사에서 제공한 차량으로 서울을 출발했다. 비가 온다는 기상예보가 있었다. 비 내리는 농촌의 작은 분교는 변방 취재의 분위기와 잘 어울리는 그림이었다.

2007년이었을 것이다. 한때 목동아파트 단지에서 이웃으로 지내던 오숙희 박사가 글씨를 부탁해 왔다. 해남 땅끝마을에 있는 서정분교의 도서관 간판 글씨였다. 마침 어느 단체에서 책을 기증받게 되어 도서관을 만들기로 했다는 것이다. 분교의 작은 도서관이라는 사실이 마음에 들었다. 도서관 이름도 참 좋았다. '꿈을 담는 도서관'. 낡은 풍금 소리가 들려오는 듯했다. 나는 변방의 작은 도서관에 어린이들이 옹기종기 모여서 책 읽고 있는 그림을 연상하면서 현판 글씨를 썼다. 너무 멀어서 도서관 개관식 때에는 참석하지 못했다. 지금 현판 글씨를 찾아가면서도 그때 쓴 글씨의 모양이 떠오르지 않았다. 개관 후 감사 편지와 함께 고구마 두 상자를 보내왔는데 현판 사진은 받지 못했기 때문이다.

해남으로 가는 승용차 안에서 최희진 기자는 먼저 나를 인터뷰했

다. '변방을 찾아서'라는 기획 의도에 관한 이야기부터 시작했다. 신문에 실릴 글은 최 기자가 쓰기로 했기 때문이다. 그리고 첫 번째 글인 서정분교에 관한 기사는 최 기자가 쓴 글이 신문에 실렸다. 기획 연재를 시작하면서 나는 내가 직접 글을 쓰지 않는다는 조건을 고집했고, 대신 문장력이 뛰어난 기자를 배치하는 것으로 양해가 되었다. 나는 다른 사람에 비하여 글 쓰는 일을 힘들어하는 편이다. 여러 가지 이유가 없지 않겠지만 감옥이라는 대단히 불편한 환경에서 편지글을 썼던 경험 때문인지도 모른다. 첫 회의 글이 신문에 실리고 난 다음 예상했던 대로 편집부 담당 국장의 강력한(?) 요구를 받는다. 독자들의 요구라는 것이다. 하는 수 없이 2회부터는 직접 원고를 써야 하는 부담을 짊어졌다. 아마 2회 때부터 최 기자는 글 쓰는 부담에서 놓여났겠지만 해남 취재 때에는 상당한 부담을 안고 있었을 것이다. 그래서 해남으로 가는 승용차 안에서부터 무릎에 노트북을 올려놓고 대화를 나누게 된다. 아무래도 '변방'의 의미가 대화의 주제가 되었다.

일반적으로 변방은 중심부에서 멀리 떨어진 주변부로 인식된다. 당연히 낙후된 지역이다. 그렇기 때문에 변방에 대한 관심은 사회적 약자와 마이너리티에 대한 온정주의적인 경우가 대부분이다.

그러나 이번의 '변방을 찾아서'라는 기획은 바로 이러한 감상적 관점을 반성하려는 것이다. 변방을 낙후되고 소멸해 가는 주변부로서가 아니라 새로운 가능성의 전위(前衛)로 읽어 냄으로써 변방의 의미를 역전시키는 일이 과제가 될 것이다. 그렇기 때문에 변방보다는 변방성(邊方性)이라는 표현이 적절할지도 모른다. 변방을 공간적 개념으로 이해하는 것부터 바꾸어야 하기 때문이다. 공간적 의미의 변방이 아니라 담론 지형에서의 변방, 즉 주류 담론이 아닌 비판 담론, 대안 담론의 의미로 재구성해야 하기 때문이다. 중심부의 주류 담론인 속도와 효율성만 하더라도 그것이 문화가 되어 있는 중심부 한복판에서는 깨닫기 어려운 법이다. 바깥에서 바라보아야 한다. 변방을 찾아가는 의미가 그런 것이다.

우리가 찾아간 서정분교는 생각보다 아름다웠다. 놀라운 것은 학교 전체에서 풍겨 오는 풋풋한 흙냄새였다. 서울의 학교 운동장에는 없는 냄새였다. 운동장에서 자유롭게 뛰어놀던 어린이들이 달려와 반갑게 인사를 하고 스스럼없이 말을 걸어왔다. 사람을 반가워했다. 서울을 출발해서 여섯 시간을 달려오는 동안 나는 줄곧 비 오는 시골 분교를 떠올리고 있었다. 변방을 대안 담론의 창조 공간이라고 생각하면서도 정서적으로는 그랬다. 막상 우리들 앞에 펼쳐진 서정분교는 발랄하고 행복했다. 전교생이 5명으로 줄어 폐교 직전까지 갔던 학교가 지금은 전교생 66명에 교직원도 13명으로 늘어나 있었다.

미황사(美黃寺)의 금강스님이 우리의 도착 시간에 맞추어 학교로 내려왔다. 도서관 글씨를 부탁한 장본인이다. 뿐만 아니라 서정분

교의 폐교를 막고 마을 사람들과 함께 지금의 모습으로 만들어 낸 분이다. 금강스님으로부터 그간의 사정을 자세히 들을 수 있었다. 서정분교는 마을 사람들이 울력으로 세운 학교였다. 교정의 돌과 나무 하나하나가 모두 마을 사람들이 달마산에서 캐어 와서 심은 것이었다. 서정분교는 40여 년 동안 지역공동체의 중심이었다. 폐교를 막고 학교를 살리는 운동도 마을 사람들과 함께 추진되었다. 그 결과 지금은 단지 폐교를 막은 사례로 읽히기보다는 대안학교의 모범이 되고 있었다. 마을과 학부모들의 적극적인 참여로 이루어지는 방과 후 수업은 참으로 아름다운 이야기로 가득했다. 달마산으로, 숲으로 소풍을 다니는 일도 수업이었다. 수업이 끝난 아

● 미황사(美黃寺)

전라남도 해남군 송지면 서정리 달마산(達磨山)에 있는 사찰. 대한불교조계종 제22교구 본사인 대흥사(大興寺)의 말사(末寺)이다. 749년(신라 경덕왕 8)에 의조(義照)가 창건했다. 1597년(선조 30)의 정유재란으로 소실되자 1598년 만선(晩善)이 중건했다. 현존하는 당우(堂宇)로는 대웅전·오백나한전·응진전(應眞殿)·명부전(冥府殿)·칠성각·요사채 등이 있으며, 기타 석조(石槽)·당간지주(幢竿支柱) 등의 문화재가 있다.

참고: 한국학중앙연구원, 「한국민족문화대백과사전」 ; 한국문화유산답사회 엮음, 「답사여행의 길잡이 5-전남」, 돌베개, 1995.

이들은 곧장 집으로 가지 않는다. 교실에서도 놀고, 운동장에서 놀고 학교 근처 냇가에서 고기를 잡기도 한다. 참으로 잘 '놀고 있었다.' 추석을 앞두고 교실에서 송편을 쪄 내고 우리 일행을 환영하는 합창도 들려주었다. 숙제와 수험 준비 그리고 학원을 전전하는 서울 어린이들과는 전혀 다른 일상을 보내고 있었다. 나도 끼어들어 운동장에서 아이들과 함께 축구를 했다.

서정분교가 소문이 나면서 젊은 학부모들이 다투어 자녀들을 입학시켰고, 한동안 유배지로 알려졌던 서정분교에 교사들이 기꺼이 자원했다. 해남 읍내에서 통학하는 학생을 위해 통학 버스까지 마련했다. '구름이'라고 크게 써 붙인 초록색 통학 버스가 학교 운동장 한쪽에 서 있다. 이 버스를 구입한 과정도 소개했다. 미황사의 산사 음악회 때 노영심 씨의 공연을 CD로 만들어서 그 판매 수익금으로 지금의 버스를 장만했다고 한다. 서정분교는 마을 사람들의 애정이 담겨 있는 마을의 중심이었다.

우리는 학교 취재를 마치고 미황사로 올라가서 저녁 공양을 받았는데, 그날 밤 미황사에는 나만 모르고 있던 강연회 일정이 잡혀 있었다. 상당히 많은 마을 사람들과 함께 밤늦도록 이야기를 나누었다. 학부모와 마을 사람들 모두를 만난 셈이다. 학교와 마을이

나는 도서관 현판 앞에서 아이들에게 물었다. "꿈을 담는 도서관이라고 했는데 어디다 꿈을 담지?" 가방에다 담는다는 아이도 있었고 머리에 담는다는 아이도 있었다. 내내 배우기만 하던 내가 처음으로 가르쳤다. 꿈은 가슴에 담는 것이라고.

● 스테판 에셀과 그의 저서 『분노하라』

스테판 에셀(Stéphane Hessel)은 1917년 독일에서 태어났다. 유대계 독일인 작가인 아버지와, 화가이자 예술 애호가인 어머니는 트뤼포의 영화 〈쥘과 짐〉(Jules et Jim)의 실제 모델이기도 하다. 제2차 세계대전이 발발하자 에셀은 드골이 이끄는 '자유 프랑스'에 합류해 레지스탕스의 일원으로 활약했다. 1944년 프랑스 파리로 밀입국해 연합군의 상륙 작전을 돕던 중 체포되었고, 유대인 강제수용소에서 사형선고까지 받았지만 극적으로 탈출했다. 전쟁이 끝난 뒤에는 외교관으로 활동했다. 지은 책으로는 『세기와의 춤』, 『참여하라』 그리고 『분노하라』 등이 있다.

『분노하라』(INDIGNEZ-VOUS!)는 출간 7개월 만에 200만 부를 돌파하면서 프랑스 사회에 '분노 신드롬'을 일으켰다. 저자가 이 책에서 프랑스 젊은이들에게 던지는 화두는 '분노'이다. 저자는 전후(戰後) 프랑스 민주주의의 토대가 된 레지스탕스 정신이 반세기 만에 무너지고 있다고 지적하며, 프랑스가 처한 작금의 현실에 '분노하라!'고 일갈한다. 그는 특히 젊은이들에게 사회 양극화, 외국 이민자에 대한 차별, 민주주의를 위협하는 금권 등에 저항할 것을 주문했다. 무관심이야말로 최악의 태도이며, 인권을 위협받고 있는 사람들이 있다면 찾아가 기꺼이 힘을 보태라는 뜨거운 호소를 담은 책이다.

참고: 스테판 에셀 지음, 임희근 옮김, 『분노하라』, 돌베개, 2011.

혼연한 공동체가 되어 있었다. 김성철 교감선생은 서정분교가 올해 '시범 무지개학교'로 지정되었다고 기뻐했다. 무지개학교는 전남 도교육청이 시행하는 혁신학교이다. 시범 무지개학교로 지정된 30개 학교 중 분교는 서정분교가 유일하다고 했다.

우리는 이튿날 새벽 여명을 가르며 땅끝마을을 떠나왔다. 학교와 마을은 아직도 어둠 속에 잠들어 있었다. 머지않아 아침 해가 밝게 떠오를 것이다. 서정분교는 틀림없이 무지개처럼 아름다운 꿈을 담는 학교로 빛날 것이다. 스테판 에셀(Stéphane Hessel)은 그의 작은 책 『분노하라』의 마지막 구절에서 "저항이야말로 창조이며 창조야말로 저항이다"라는 명언을 남겼다. 서정분교는 저항이었으며 창조였다.

나는 도서관 현판 앞에서 아이들에게 물었다. "꿈을 담는 도서관이라고 했는데 어디다 꿈을 담지?" 가방에다 담는다는 아이도 있었고 머리에 담는다는 아이도 있었다. 내내 배우기만 하던 내가 처음으로 가르쳤다. 꿈은 가슴에 담는 것이라고. 그러나 생각해보면 서정분교 자체가 꿈이었다. 서울 아이들의 꿈이 바로 서정분교가 아닐까 하는 생각이었다.

우리 시대에도 계속
호출해야 하는 코드

― 강릉 허균·허난설헌 기념관

현판은 허난설헌(許蘭雪軒, 1563~1589) 생가 터에 세워진 기념관 입구에 걸려 있다. 기념관은 자그마한 한옥이다. 많지 않은 관광객이 떠나고 난 뒤 나는 현판을 혼자서 대면해 본다. 허균·허난설헌 선양회의 유선기 이사의 부탁으로 2006년에 쓴 것이다. 액자도 없이 평판에 죽각으로 새긴 소박한 현판은 마치 허균(許筠, 1569~1618) 남매의 모습이듯 잔잔한 감회를 안겨 준다. 유선기 이사와 임영민속연구회의 김석남 선생은 크지 않은 기념관을 못내 서운해하지만, 나는 마당 가득히 고여 있는 초가을 햇볕 속을 걷는 동안 변방 특유의 한적함이 무척 마음에 들었다. 저만치서 안내자의 핸드마이크를 따르던 20여 명의 관광객이 사라지고 나자 허난설헌 생가는 문득 빈집이 된다. 우리들은 영정(影幀)에 분향한 다음 아예 허난설헌의 방으로 들어가 앉았다. 마치 시간 여행으로 당시를 방문한 듯 감회가 심상치 않다.

유선기 이사는 이곳이 가장 낮은 곳이라고 했다. 대관령 동쪽이 영동인데 영동에서도 가장 낮은 곳이 바로 이 초당 지역이라는 것

이다. 태풍 루사나 매미 때도 이쪽이 가장 많은 피해를 입었다고 한다. 그러면서도 매화가 가장 빨리 피는 곳이라는 말을 잊지 않았다. 매화가 가장 먼저 피는 곳? 한고(寒苦)를 겪고 청향(淸香)을 발하는 매화, 그것도 변방의 창조성이라고 할 수 있을까? 마당에는 백일홍 옛 등걸이 껍질을 벗고 있기도 했다.

허난설헌이 조선에 태어난 것을 한(恨)하고 여자로 태어난 것을 한하였다는 이야기에서부터 허균의 「호민론」(豪民論)에 이르기까지 우리들의 대화는 마치 그들과 함께하는 듯했다.

_{신영복} 허균과 허난설헌, 우리 시대에도 계속 호출해야 하는 코드인가요?

_{김석남} 지금은 세월이 변했다고 하지만 인식 구조와 문화 유전자 이런 것이 아직까지도 그대로 유지되고 있다고 생각하지요.

_{유선기} 서얼 차별이라는 신분제도는 없어졌지만 지역 차별, 양극화, 비정규직, 외국인 노동자, 다문화 가정 등 우리 사회가 현재 갖고 있는 여러 질곡들을 보면 허균이 당대에 가졌던 문제의식이 면면히 이어져 내려오고 있는 게 아닌가 생각하게 되지요. 그런 의미에서 허균 정신, 변혁 정신은 현재적 가치라 할 수 있지요.

<small>신영복</small> 허균·허난설헌 문화제가 바로 그런 문제의식에서 추진되고 있다고 할 수 있겠네요?

<small>김석남</small> 조금 더 부연 설명하면, 허균의 글 중에 「호민론」이 있습니다. 조선 사회를 변혁시키는 변혁의 주체를 민중으로 본 거예요. 민중이 호민이 되어야 한다는 것이지요.

허균의 「호민론」은 백성을 항민(恒民), 원민(怨民), 호민(豪民)으로 나눈다. 항민은 순종하며 부림을 당하는 백성, 원민은 윗사람의 수탈을 원망하지만 행동으로 나서지 못하는 나약한 백성임에 비하여, 호민은 허균이 찾는 이른바 변혁 주체라 할 수 있다. 사회 부조리를 꿰뚫고 때를 기다렸다가 백성들을 조직·동원하여 사회 변혁을 영도하는 사람을 의미한다. 그가 쓴 소설 『홍길동전』의 홍길동이 바로 호민으로 캐스팅된 인물이라고 할 수 있다.

<small>신영복</small> 체제와 주류 이데올로기에 포섭되지 않고 주체성과 저항성을 확보하고 있는 민중이 호민이라고 할 수 있겠네요.

<small>김석남</small> 허균이 장성 지방에 갔다가 실제 그런 인물을 접했습니다.

<small>유선기</small> 허균 당시의 100여 년 전에 실제 인물로 홍길동이 있었다고 추정하고 있는 거죠.

● 허난설헌

허난설헌(許蘭雪軒, 1563~1589)은 허균의 친누나로, 본명은 초희(楚姬), 호는 난설헌(蘭雪軒), 난설재(蘭雪齋), 자는 경번(景樊)이다. 300여 수의 시와 수필 등을 남겼으며, 서예와 그림에도 뛰어났다. 15세에 김성립(金誠立)과 혼인했으나 결혼 생활이 순탄치 못했다. 남편은 기방을 드나들며 풍류를 즐겼고, 시어머니는 그녀를 학대했다. 게다가 어린 남매를 잃고 배 속의 아이마저 유산했다. 친정집에는 옥사(獄事)가 있었고, 동생 허균도 귀양을 가 버리자 삶의 의욕을 잃고 시를 지으며 나날을 보내다가 27세로 요절했다.

    지난해에는 사랑하는 딸을 여의고
    올해에는 사랑하는 아들까지 잃었네.
    슬프디 슬픈 광릉 땅에
    두 무덤이 나란히 마주 보고 서 있구나.
    사시나무 가지에는 쓸쓸히 바람 불고
    솔숲에선 도깨비불 반짝이는데,
    지전(紙錢)을 날리며 너의 혼을 부르고
    네 무덤 앞에다 술잔을 붓는다.
    너희들 남매의 가여운 혼은
    밤마다 서로 따르며 놀고 있을 테지.
    비록 배 속에 아이가 있다지만
    어찌 제대로 자라나기를 바라랴.
    하염없이 슬픈 노래를 부르며
    피눈물 슬픈 울음을 속으로 삼키네.

―허난설헌, 「곡자」(哭子)

참고: 한국학중앙연구원, 「한국민족문화대백과사전」 ; 참고 및 인용: 허경진 지음, 「허균 평전」, 돌베개, 2002.

김석남 허균이 42세에 그런 사실을 접했습니다. 홍길동이야말로 내가 찾던 이상적인 민중이구나. 호민이구나. 그래서 홍길동을 많은 조선 사람들에게 알려야겠다 해서 한글 소설로 쓰게 된 것 같습니다. 홍길동은 지금도 유효합니다. 호민이 많아야 합니다.

신영복 현재의 사회변혁 운동 논리도 호민론의 맥락에 닿아 있다고 할 수 있겠네요?

유선기 허균·허난설헌 두 분의 자유정신이나 창조정신, 개혁정신은

● **허균**

허균(許筠, 1569~1618)은 조선 중기의 문신이자, 권필(權韠)·이안눌(李安訥)과 함께 당대를 대표하는 문인의 한 사람이었다. 자는 단보(端甫), 호는 교산(蛟山·喬山) 또는 성소(惺所), 학산(鶴山) 등이었고, 후에는 백월거사(白月居士)로도 불렸다. 성실한 독서가로서 문학 전통에 대한 해박한 지식을 자랑하는 한편 빼어난 감식안을 바탕으로 우리나라와 중국의 문학에 대한 비범한 통찰을 보여 주었고, 사대부 사회의 규범과 통념에 반발하여 타고난 정(情)과 개성을 강조하는 문학론을 전개했다. 광해군 때 집권 세력인 대북파(大北派)의 핵심 인물로서 형조판서·좌참찬에 올랐으나, 정치 암투의 소용돌이 속에서 역모 죄로 처형당했다. 주요 저작으로 손수 엮은 문집 『성소부부고』(惺所覆瓿藁)와 시집 『을병조천록』(乙丙朝天錄), 조선의 역대 시를 뽑아 비평을 붙인 『국조시산』(國朝詩刪)이 전한다.

참고: 한국학중앙연구원, 『한국민족문화대백과사전』 ; 허경진 지음, 「허균 연보」, 『허균 평전』, 돌베개, 2002.

지금도 유효합니다. 앞으로 우리가 계승해야 할 부분이 아닌가 싶습니다.

신영복 강릉에 와서 다시 확인하는 것이, 도도한 주류 담론은 역시 율곡(栗谷 李珥, 1536~1584)과 신사임당(申師任堂, 1504~1551)이라는 사실입니다. 오죽헌(烏竹軒)의 관광객이 압도적으로 많기도 하지요. 우리 사회의 많은 사람들이 지향하는 가치도 사임당과 율곡임에 틀림없습니다. 율곡은 학자이면서도 정치인이었고, 신사

임당은 훌륭한 자녀를 길러낸 뛰어난 학부모죠.

돌아오는 길에 잠시 들른 오죽헌은 그 규모부터 대궐같이 성역화 되어 있었다. 주차장에 세워진 관광버스와 승용차들이 우리 사회가 지향하는 가치가 무엇인가를 분명하게 보여 주고 있었다.

유선기 5만원권과 5천원권 화폐에도 모자가 나란히 나옵니다. 그러나 10여 년 전 선양 사업을 시작할 때와 비교하면 그동안 많은 변화가 있었습니다. 이곳 기념관을 찾는 사람들도 늘고, 사람들 생각도 많은 변화가 있는 것 같아요. 그런 점에서 앞으로는 허균·허난설헌 문화제를 인문학적 성찰을 할 수 있는 공간으로 자리매김하려고 합니다.

나는 한국의 변방인 강원도, 다시 그곳의 변방인 초당동 기념관에서 허균·허난설헌의 추억이 안겨 주는 감회에 젖는다. 스물일곱 한 많은 생애를 마감한 난설헌 허초희, 그리고 형장의 이슬로 사라져 간 허균의 생애는 역사의 비극이며 아직도 청산되지 못한 우리 현실의 단면을 보여 주는 듯하였다.
가을은 독서의 계절이고 또 여행의 계절이라고 한다. 내가 쓴 기넘관 현판을 인연으로 맺어진 허균, 허난설헌과의 만남은 마침 청명한 가을 날씨와 함께 이 두 가지를 동시에 안겨 준 '역사 여행'이었고 '가을의 성찰'이었다.

세상에는 지혜로운 사람과 어리석은 사람이라는 두 종류의 사람이 있다고 한다. 유감스럽게도 세상에는 이 두 종류의 사람밖에 없다는 것이다. 지혜로운 사람은 세상에 자기를 잘 맞추는 사람이고, 어리석은 사람은 세상을 자기에게 맞추려고 하는 사람이다. 세상을 자기에게 맞춘다는 의미가 세상을 인간적으로 바꾸려고 하는 것이라면 글자 그대로 어리석기 짝이 없다. 그러나 역설적인 것은 이처럼 우직한 사람들에 의해서 세상은 조금씩 새롭게 바뀌어 왔다는 사실이다.

허균과 허난설헌은 분명 어리석은 사람이며 비극의 인물이다. 불의한 사회와 타협하지 않고 그것을 인간적인 것으로 바꾸려 했던 '시대와의 불화'가 비극의 진정한 원인이라 할 것이다. 『광해군일기』가 기록하고 있는 패륜과 역모는 패배자가 뒤집어쓸 수밖에 없는 오명이기도 하지만, 오히려 시대를 뛰어넘으려는 자유와 저항이라고 해야 할 것이다.

중요한 것은 허균과 허난설헌이 지금도 호출되고 있다는 사실이

다. 당대의 불의가 아직도 청산되지 않았다는 것을 선포하고 있는 것이다. 조선조를 통하여 끝까지 복권되지 않은 인물이 광해군과 허균이라고 한다. 정작 허균의 복권은 뒤늦게 선양회가 주도한 씻김굿 그리고 문화제로 진행되고 있다. 선양회 사람들은 차라리 복권되지 않은 허균이 더 낫다고 주장한다. 행사 때마다 어김없이 내리는 비가 그렇듯이 추모와 선양의 의지를 그만큼 더 치열하게 가져갈 수 있기 때문이라고 술회한다.

나는 허균의 시비가 있는 애일당(愛日堂)으로 가는 길에 교문암(蛟門岩)을 찾았다. 교산(蛟山) 자락이 동해로 벋어 내리는 곳에 교문암이 있다. 교산과 교문암을 잇는 산자락이 해변 도로에 의해서 잘려 있고, 백사장에는 교문암이 승천하지 못한 이무기의 잘린 머리처럼 파도에 철썩이며 바다를 그리워하고 있었다. 허균의 삶을 재현하고 있는 듯하다.
허균의 시비가 있는 애일당은 인적이 끊어진 지 오래인 듯 그곳에 이르는 오솔길도 희미하기 짝이 없었다. 그러나 애일당 옛터에는 오후의 가을 햇살이 눈부시게 고여 있어 그 이름을 방불케 하기에 조금도 부족함이 없었다. 허균은 이 햇볕 속에서 어머니 몸에 태이고, 나고, 자랐던 것이다. 애일(愛日). 그가 사랑했던 것은 햇볕

스물일곱 한 많은 생애를 마감한 난설헌 허초희, 그리고 형장의 이슬로 사라져 간 허균의 생애는 역사의 비극이며 아직도 청산되지 못한 우리 현실의 단면을 보여 주는 듯하였다.

● 호민론(豪民論)

천하에 두려워할 만한 존재는 오직 백성뿐이다. 백성은 홍수나 화재, 호랑이나 표범보다 훨씬 두려운 존재인데, 윗자리에 있는 사람들은 오히려 업신여기며 모질게 부리니, 대체 무슨 이유에선가?

이미 이루어진 일이나 함께 즐길 줄 알고, 항상 눈앞에 보이는 것에만 얽매이며, 순순히 법에 따라 윗사람의 부림을 받는 자들은 '항민'(恒民: 늘 그대로인 백성)이다. 항민은 두려워할 바가 못 된다.

모질게 빼앗겨 살이 깎이고 골수가 부서지며, 집의 수입과 땅의 소출을 다 가져다 끝없는 요구에 응하면서 시름하고 한숨 쉬며 윗사람을 탓하는 자들은 '원민'(怨民: 원망을 품은 백성)이다. 원민도 반드시 두려워할 존재는 아니다.

푸줏간 속에 자취를 감추고 몰래 딴마음을 품은 채 세상을 흘겨보고 있다가 행여 무슨 변고라도 일어나면 자신의 바람을 실현하고자 하는 자들은 '호민'(豪民: 호걸스러운 백성)이다. 이 호민은 몹시 두려워해야 할 존재다.

호민이 나라의 빈틈을 엿보며 유리한 형세를 노리다가 밭두렁 위에 올라서 팔을 들어 휘두르며 한차례 외치면, 저 '원민'이란 자들이 그 소리를 듣고 모여들어, 함께 일을 꾸민 것도 아니거늘 한목소리로 외친다. 이렇게 되면 저 '항민'이란 자들 역시 살길을 찾아 호미며 곰방메며 창 자루를 들고 이들을 따라가 '무도한 자'를 죽이지 않을 수 없는 것이다. (중략)

백성의 시름과 원망은 고려 말보다도 심하다. 그럼에도 윗사람은 평안하니 두려워할 줄을 모른다. 우리나라에 호민이 없기 때문이다. 그러나 불행히도 견훤(甄萱)이나 궁예(弓裔) 같은 자가 나와 몽둥이를 힘차게 휘두른다고 하자. 그러면 시름과 원망이 가득한 백성이 그를 추종하지 않으리라고 어찌 보장할 것이며, 황소의 난과 같은 천지의 변이 곧바로 닥쳐오지 않으리라 어찌 보장할 수 있겠는가? 인민의 수령 노릇하는 자가 두려워할 만한 형세를 환히 깨달아 전철을 밟지 않을 수 있다면 간신히 재앙을 모면할 수 있을 것이다.

인용: 정길수 편역, 「호민이 두렵다」, 『나는 나의 법을 따르겠다―허균 선집』, 돌베개, 2012.

이었고 해방이었고 새로운 세상이었을 것이다. 허균의 아호 교산(蛟山)과 애일당은 어쩌면 허균의 일생을 미리 보여 준 상징이 아니었을까. 애일당을 뒤로하고 내려오는 길에 나는 다시 한 번 초입에 서 있는 '홍길동'을 바라보았다. 홍길동은 '산불조심' 팻말을 들고 있었다.

통한의 비련, 그 비극적 파토스

― 박달재

2008년, 벌써 4년 전의 일이다. 제천시 문화관광과로부터 부탁을 받고 '박달재' 현판 글씨를 쓸 때였다. 글씨를 쓰기 전에 먼저 「울고 넘는 박달재」 노래를 찾아서 들어 보았던 기억이 있다. 노래의 정서를 조금이나마 글씨에 담을 수 있지 않을까 해서였다. "천등산 박달재를 울고 넘는 우리 님아"로 시작되는 이 노래는 널리 알려진 한국인의 애창곡이다.

오늘 아침 박달재 현판을 보러 가기 전에 나는 다시 한 번 박달재 노래를 들어 보았다. 왕거미가 집을 짓고, 부엉이가 울고, 도토리묵을 싸고, 성황님께 비는 등 그 서사적 표현이 박달재의 애달픈 사연을 그림처럼 보여 준다. 낮은 음에서 서서히 음계를 높여 가는 가락도 그렇다. 서서히 높아지던 음정이 절정에 이르면서 노래는 절규가 된다. 아픔의 절정에서 이성은 파탄되고, 감성은 독립한다. 나는 노랫말 중에 가장 마음 아픈 대목이 "물항라 저고리가 궂은비에 젖는구나"라는 구절이다. 물항라 저고리는 물들인 항라로 지은 저고리이다. 항라는 반투명에 가까운 얇은 옷감이어서 비에 젖은 물항라 저고리는 한사코 우는 금봉이를 더욱 애처롭게 만들기 때문이다.

이 노래가 애창되는 까닭이 그 속에 담긴 통한의 비련(悲戀) 때문임은 물론이다. 운명 같은 만남과 사랑 그리고 운명 같은 죽음이 그것이다. 아름다운 재회를 기약했건만 과거시험에 낙방한 박달은 면목이 없어 돌아오지 못한다. 기다리다 지친 금봉이는 벼랑에 몸을 던져 자살한다. 그리고 뒤늦게 돌아온 박달 역시 금봉이의 환영을 좇아 벼랑에서 떨어져 죽는다. 두 사람 중 어느 누구도 탓할 수 없는 순애보(殉愛譜)이다. 이처럼 가슴 아픈 사연을 글씨에

● 울고 넘는 박달재

반야월 작사, 김교성 작곡의 「울고 넘는 박달재」는 1948년에 박재홍이 부른 트로트곡이다. 노래에 담긴 서민적인 정서가 공감을 얻어 이후로도 오랫동안 애창되고 있다. "천등산 박달재를 울고 넘는 우리 님아"라는 가사로 시작되며, 비 오는 날 박달재에서 이별한 뒤 홀로 남은 화자가 가슴이 터지도록 울면서 소리치는 내용이다. 이 노래의 작사가 반야월(半夜月, 1917~2012. 본명 박창오朴昌吾)은 일제강점기와 대한민국의 대중가요 작사가이며 가수이다. 1937년에 진방남(秦芳男)이라는 예명으로 가수로 데뷔했는데, 「불효자는 웁니다」, 「꽃마차」 등이 대표작이다. 자신이 불러 히트한 「꽃마차」를 비롯해 「단장의 미아리고개」, 「유정천리」, 「울고 넘는 박달재」, 「만리포 사랑」, 「아빠의 청춘」, 「무너진 사랑탑」, 「소양강처녀」 등 반야월이 작사한 노래가 수천 편이 넘는다. 한국 역사상 가장 많은 노래를 작사하고 가장 많은 히트곡을 낸 작사가이면서 가장 많은 노래비(碑)를 보유한 작사가로 알려져 있다.

참고: 강옥희·이순진·이승희·이영미, 「식민지 시대 대중예술인 사전」, 도서출판 소도, 2006.

담는다는 것은 애초부터 무리가 아닐 수 없다. 나는 다만 정직하게 쓰려고 애썼던 기억만 남아 있을 뿐이다.

당시 나에게 글씨를 부탁했던 윤종섭 선생과는 이철수 화백의 집에서 만나기로 약속했다. 윤 선생은 1998년 제천시 문화관광과장으로 재직할 때 일주문을 세운 분이다. 이 화백은 평동마을에 살고 있는 지가 벌써 25년이나 되며, 당연히 지역 문화 전반의 중심 인물이기도 하다. 현판 제작 때는 현판의 크기와 글씨의 배치 등 제천시의 자문에 응하기도 했다.

박달재는 제천시 봉양읍과 백운면을 잇는 해발 453미터의 고갯마루로 문경새재와 함께 한양으로 가는 길목이었다. 박달재 현판을 달고 있는 일주문은 봉양 쪽과 평동 쪽에 각각 하나씩 2개가 서 있다. 우리는 평동마을 쪽 일주문을 통하여 박달재에 올랐다. 고갯마루에는 동상이 된 박달과 금봉이가 다정하게 서 있고「울고 넘는 박달재」의 애달픈 노랫소리가 인근 산천을 온통 점령하고 있었다. 마침 현장에 나와 있는 제천시 문화관광과의 해설원 두 분이 반갑게 맞아 주었다. 이야기도 후하고 자상했다. 박달이 과거시험에 급제했더라면, 또는 금봉이가 조금만 더 기다렸더라면, 혹시 박

달 도령이 낙방했더라도 지체 없이 금봉이를 찾아왔더라면 등등 누가 먼저랄 것도 없이 새삼스레 안타까움을 쏟아 놓았다.

만약 박달이 낙방하지 않고 급제했더라면 금봉이의 운명은 어떻게 되었을까? 이 화백의 답변도 그랬고 안길상 해설원의 답변도 같았다. 급제했더라도 금봉이와의 재회는 없었을 것이라는 대답이었다. 예나 지금이나 크게 다르지 않다는 것이다. 박달은 급제하여 세도가의 아리따운 처녀와 신혼살림을 차렸을 터이고, 버림받은 금봉이는 결국 자살을 택하지 않을 수 없었을 것이라고 했다. 박달재 전설 중에는 이미 그런 버전도 만들어져 있다고 한다. 급제한 박달이 임지로 가는 길에 이곳 박달재에서 잠시 말을 세우고 과거의 추억에 젖는다는 버전이 그것이다.

우리의 이야기는 여러 갈래로 진행되었다. 안길상, 권태희 두 분 해설원과 이 화백의 부인 이여경 여사는 금봉이의 비련에 마음 아파하며 여성 특유의 공감에 기울어 있었고, 이에 비하여 이 화백과 윤 선생은 박달재 전설보다는 1995년 창의(彰義) 100주년 때부터 제천 문화제를 의병제(義兵祭)로 통일하여 진행하고 있다는 이야기에서 시작하여 박달재의 역사적 의미를 피력하기에 여념이 없었다. 이곳에서 고려의 김취려(金就礪) 장군이 거란의 대군을

물리쳤고, 별초군(別抄軍)이 몽고군을 격퇴했을 뿐만 아니라, 1천여 명의 동학군이 평동마을에서 묵어 가기도 했다는 것이다. 이곳은 사방이 험준한 산으로 에워싸인 방어와 항쟁의 요지여서 구한말 호서의병의 본산이기도 했다는 것이다. 더구나 지세가 암반이어서 평동마을 사람들의 기질도 강인하다고 했다.

● 제천 의병제

1895년 을미사변과 단발령에 대한 반발 등을 계기로 유생(儒生)들이 주도하여 봉기한 구한말 항일의병의 중심지가 충북 제천이다. 제천 장담마을에 있는 자양영당(紫陽影堂)은 1895년(고종 32)에 의암(毅菴) 유인석(柳麟錫, 1842~1915) 선생과 팔도 유림들이 비밀회의를 하는 장소로 쓰이면서 의병운동의 진원지이자 사상적 기반이 된 역사적인 장소가 되었다. 또 제천을 중심으로 원주, 영월, 단양, 충주 등 전국 의병운동의 총본산 역할을 담당하기도 했다. 해마다 자양영당에서는 호국 영령들의 넋을 기리기 위해 봄과 가을에 제사를 지내고 있다.

참고: 제천의병전시관 홈페이지 (http://jcub.okjc.net)

● 김취려

김취려(金就礪, ?~1234) 장군은 고려 후기의 무신이다. 음서로 정위(正衛)가 되어 동궁위(東宮衛)에 배속되었으며, 이후 장군이 되어 동북계를 맡아 지켰고, 대장군에 발탁되었다. 몽고 세력에 밀려 압록강을 건너 고려의 북방 지역으로 내려온 거란군을 크게 격파한 공이 있다. 시호는 위열(威烈)이다.

참고: 한국학중앙연구원, 「한국민족문화대백과사전」.

이 대목에서 두 분 해설원은 기회를 놓치지 않고 금봉이 이야기로 이끌고 갔다. 그래서 벼랑에 몸을 던지는 금봉이는 평동마을 처녀가 아니라는 버전도 있다는 이야기였다. 평동마을 처녀라면 한양으로 치고 올라갔으면 갔지 투신할 리가 없다는 것이다. 그리고 금봉이가 투신자살을 택하지 않을 수 없었던 까닭은 실연의 아픔도 아픔이지만 아기를 잉태하고 있었기 때문이라고 하였다. 춘향이가 몇 년이고 이 도령을 기다릴 수 있었던 것은 아기를 갖지 않았기 때문이기도 할 것이다. 조선조 중엽은 미혼모가 자신과 아기의 삶을 지켜 가기에는 너무나 혹독한 사회였기 때문에 투신자살하지 않을 수 없었다는 것이다. 이러저러한 버전들은 어쩌면 오늘날의 세태를 촘촘히 엮어 놓은 것들이라고 할 수 있다. 비단구두 사가지고 오겠다며 서울 가신 오빠는 사실 친오빠가 아니라는 버전도 그런 것이다.

생각하면 우리의 산천 곳곳에는 고개마다 수많은 별리(別離)의 전설이 있고 그런 전설은 하나같이 비극적 사연들로 점철되어 있다. 이를테면 비극미(悲劇美)가 서민들의 압도적 정서가 되고 있는 것이다. 서민들의 삶을 정직하게 담고 있어야 전설이 될 수 있고 또 세월을 건너서 전승될 수 있음은 물론이다. 그런 점에서 해피엔딩으로 끝나는 『춘향전』은 서민적 서사(敍事)가 아니라는 것이다.

탐관오리에 대한 비판이 없지 않지만 『춘향전』은 결국 춘향이라는 개인을 계급 상승시키는 것으로 끝난다는 점에서 진정한 해피엔딩이라고 할 수 없다는 것이다. 그와 비교해 본다면 박달재의 사연은 그 비극적 파토스가 지극히 서민적이라는 이야기였다.

오늘은 평일이기도 하지만 박달재는 찾는 사람이 거의 없어 한산하기 그지없다. 지금은 고갯마루 문화도 사라지고 주막 문화도 없어진 지 오래다. 더구나 터널이 뚫린 뒤로는 자동차로 박달재 밑의 땅속을 질주할 뿐 이곳에 오르는 사람은 많지 않다. 직선과 속도라는 효율성의 시대를 살고 있는 우리들에게 고갯마루의 곡선과 주막 문화의 유장함은 아득한 변방 문화의 전형인지도 모른다. 그러나 정작 달라진 것은 더 이상 별리를 아파하지 않는 세태라고 할 수 있을 것이다. 지금도 각종 고시와 취업 시험 그리고 대학 입시에서 수많은 사람들이 낙방의 고배를 마시고 있고, 그들을 뒷바라지하며 기다려 온 수많은 사람들 또한 그만큼의 좌절을 안고 살아가고 있다. 그럼에도 불구하고 이제는 더 이상 박달과 금봉이는 존재하지 않는다. 곤혹스럽기도 하고 차라리 다행스럽기도 하다.

'매달릴 줄 알았지?' '역겨워, 착각하지 마!' '집착 없이 사라져 줄 생각하면 우리의 산천 곳곳에는 고개마다 수많은 별리(別離)의 전설이 있고 그런 전설은 하나같이 비극적 사연들로 점철되어 있다. 이를테면 비극미(悲劇美)가 서민들의 압도적 정서가 되고 있는 것이다.

게.' 요즈음의 노랫말에 더 이상 비련(悲戀)은 없다. 한사코 우는 금봉이는 어디에도 없다. 사랑은 뜨겁지 않고 차가운 것이다. 더 멋진 사람 만나 너를 후회하게 만들어 주거나, 네가 망가지라고 빌고 빈다. 금봉이의 뜨거움[hot]도 곤혹스러운 것이지만 젊은 세대의 차가움[cool] 또한 섬뜩하기 짝이 없다. 물론 실연이 목숨을 걸 만한 것은 아니겠지만, 문제는 이처럼 차가운 언어가 오히려 반어(反語)처럼 들린다는 사실이다. '이태백' '삼팔선' '사오정'이라는 은어, 그리고 수백만의 비정규직으로 표현되는 오늘의 열악한 상황이 만들어 낸 불행한 언어인지도 모른다. 하루에 42명이 자살하는 우리의 참담한 현실에서도 우리는 역설적이게도 차가운 감성으로 무장하고 있는 셈이다. 아픔과 좌절마저 단단한 껍질을 쓰고 있어야 할 정도로 우리의 현실은 정직한 정서 자체를 용납하지 않고 있는지도 모른다.

내려오는 길에 나는 박달과 금봉이가 투신한 곳이 어딘가를 물어보았다. 윤종섭 선생은 그렇지 않아도 제천시에서는 금봉이가 투신한 곳을 지금도 찾고(?) 있는 중이라고 했다. 물론 투신 현장이 있을 리 없겠지만 나는 조만간 투신 현장을 찾아내고 그 아픔의 현장을 많은 사람들이 찾아오기를 기대한다. 그곳은 우리가 아픔을 정직하게 만나는 곳이 될 수 있기 때문이다. 그리고 아픔은 그것을 정직하게 공유하는 것이 최고의 치유법이기 때문이다. 더구나 그것이 '사랑'의 아픔이라면 비련(悲戀)을 뛰어넘는 비약(飛躍)의 도약대가 될 수 있기 때문이다.

탈근대의 독법으로 읽는 『임꺽정』

― 벽초 홍명희 문학비와 생가

'벽초 홍명희 문학비'는 1998년 홍명희(洪命熹, 1888~1968) 사망 30주기, 『임꺽정』 연재 70주기를 기념한 제3회 홍명희 문학제 때 건립되었다. 그때는 글씨만 써 보내고 제막식에는 참석하지 못했기 때문에 이번이 초행이었다. 찾기가 쉽지 않았다. 문학비는 주차장이 되어 있는 텅 빈 제월대(霽月臺) 광장 가장자리에서 혼자 가을볕을 안고 있었다. 나는 미리 준비해 간 붓으로 글자에 먹을 넣기 시작했다. 비문은 먹빛이 바래고 빗물에 씻기어 읽기 어려울 정도였다. 취재팀 일행 세 사람도 작업에 동참했다. 작업이 거의 끝날 무렵에 문학비 건립 추진위원회의 운영위원이기도 한 도종환 시인이 당도했다.

"98년 비를 세울 땐 도지사와 군수도 참석하고 제월리 마을 사람들이 국밥 500인분을 끓이고 그릇을 내오기도 하는 등 문학비 건립은 지역민의 성원 속에서 이루어졌습니다."

벽초(碧初) 가문은 지금까지도 홍 판서댁으로 불리고 있을 정도로

벽초 홍명희 문학비
碧初 洪命憙 文學碑

「임꺽정」만은 사건이나 인물이나 묘사로나 정조로나 모두 남에게서는 옷 한벌 빌려입지 않고 순 조선 것으로 만들려고 하였습니다. '조선 정조情調에 일관된 작품' 이것이 나의 목표였습니다.

마을 인심을 잃지 않았는데, 특히 벽초가 북으로 가면서 농지 17만 평을 소작인들에게 무상으로 분배하고 떠났기 때문이기도 했다. 그러나 비를 세우고 난 다음다음해 보훈단체 회원들이 현충일 날 태극기와 망치를 들고 와서 문학비에 표기한 해설문을 문제 삼았다.

"세 군데 문제 제기를 했습니다. 하나는 '평생 민족을 위해'라는 구절에서 '평생'을 빼라. 그건 받아들일 수 있습니다. 두 번째는 '선생'이란 말을 빼라. 문인들한테는 선생이지만 우리한텐 선생이 아니다. 그것도 좋습니다, 뺀다. 그다음에 '전범'(戰犯)이란 말을 넣으라고 했는데 그건 받아들일 수 없었습니다. 결국 두 곳을 고치고 동판을 다시 만들어 부착했습니다."

적잖이 속상했을 일들을 도종환 시인은 시종 절제된 언어로 조용조용 들려주었다. 문학비는 문인들이 만 원씩, 5만 원씩 후원금을 내서 세운 것인데, 보훈단체에서는 도나 군에서 자기들은 박대하면서 문학비 건립에는 재정 지원을 한 것으로 알고 있었다고 했다.

벽초 홍명희는 이처럼 자유롭지 못하다. 그가 태어나고 3·1만세

시위를 준비했던 생가도 지금은 선친의 이름을 딴 '홍범식 고가'로 복원되어 있을 뿐 벽초의 이름은 어디에도 없다. 경술국치를 당하여 자결한 선친의 뜻을 명심하고 항일운동에 투신한 이래 수차례 옥고를 치르기도 했으며 특히 신간회의 창립 주역으로 좌우의 민족 역량을 결집했던 그의 업적은 높이 평가된다. 그러나 남

● 벽초 홍명희

홍명희(洪命熹, 1888~1968)는 소설가이자 독립운동가, 정치가이다. 호가 벽초(碧初)이고, 다른 호로 가인(假人) 또는 가인(可人)을 쓴다. 1910년, 당시 금산군수로 재직중이던 부친 홍범식(洪範植, 1871~1910)이 경술국치에 항거하여 순국하자, 1912년에 해외 독립운동에 투신하고자 중국으로 떠났다. 1918년에 귀국하여 1919년 3·1운동 때에는 괴산 만세시위를 주도하여 투옥되었다. 1927년 민족협동전선 신간회가 결성될 때 주도적인 역할을 했는데, 1929년의 신간회 민중대회사건으로 투옥되어 햇수로 4년간 복역하였다. 1928년 11월 21일, 「조선일보」에 『임꺽정』을 연재하기 시작했는데 이후 수차례 연재 중단과 재개를 반복했다. 해방 후 1948년 월북하여 1962년까지 조선민주주의인민공화국 부수상·과학원 원장·조선최고인민회의 상임위원회 부위원장으로 선임되었다. 한국전쟁에 반대한 인물들 중 한 명으로 알려져 있다. 그가 월북한 이유는 '친일파들과 결탁하여 단독정부 수립 운동을 강행 추진하는 이승만 정권에 대한 실망감' 때문이었다는 견해가 있다. 1968년에 노환으로 별세했는데, 사후 북한에서는 평양 애국열사릉에 안장되었고, 현재 그의 생가는 충북 괴산군에 의해서 보전되어 있다.

참고: 강영주, 「홍명희 연보」, 『벽초 홍명희 평전』, 사계절, 2004.

온몸으로 부딪치는 인간관계와 그런 인간관계가 엮어 내는 삶의 진정성을 형상화하고 있다는 점이 『임꺽정』의 진면목이라고 할 수 있을 것이다.

북협상회의 때 월북하고, 북에 남아 부수상까지 역임한 그의 이력이 항상 문제가 된다. 그러나 홍명희 연구자들은 그를 진보적 민족주의자, 또는 사회주의에 공명한 민족주의자로 평가한다. 뿐만 아니라 겸손하고 부드러운 인품에 대해서는 많은 사람들의 의견이 일치한다.

벽초의 정치적 정체성과는 달리 소설『임꺽정』에 이르면 이론의 여지가 없다. '문학비'는 그에 관한 모든 포폄(褒貶)을 뛰어넘는 곳에 있다. 한마디로『임꺽정』을 넘어선 대하역사소설이 아직 없다는 것이 문학계의 통설이다. 도종환 시인은『임꺽정』은 반상(班常)의 두 세계를 넘나드는 벽초만의 스케일을 보여 줄 뿐 아니라 그 자체가 풍부한 우리말의 보고(寶庫)라는 점을 지적한다. 비문에 새겼듯이 한마디로 '조선 정조(情調)에 일관된 작품'이다. 등장인물의 다양함과 풍부한 어휘도 그렇지만 더욱 감동적인 것은 대하(大河)와 같은 서사 양식의 도도함과 그 속에 흐르는 파란만장한 삶의 실상들이 아닐까. 구술문학의 서사 양식이 그처럼 친근하게 말을 걸어온다는 사실은 감동이 아닐 수 없다.

『임꺽정』은 1928년『조선일보』에 처음 연재된 이후 몇 차례 중단되었다가 미완으로 끝난 작품이다. 최초의 대하소설이면서도 궁

● 소설 「임꺽정」

벽초 홍명희의 장편소설. '임꺽정전'(林巨正傳)이란 제목으로 1928년부터 1939년까지 『조선일보』에 연재되었고, 이후 1940년 『조광』 10월호에 단 1회만 실리고는 하회가 영영 나오지 못했다. 조선 최대의 화적패인 실존 인물 임꺽정과 그 무리들의 활동상을 그린 역사소설이다. 「봉단편」, 「피장편」, 「양반편」, 「의형제편」, 「화적편」 등 5편으로 구성되었다.

오늘날 임꺽정은 조선 중기에 활약한 의적으로 대중에게 널리 알려져 있지만, 홍명희가 그를 주인공으로 한 소설 「임꺽정」을 연재하기 전까지는 별로 알려지지 않은 인물이었다고 한다.

이 소설은 여러 번 집필이 중단되기도 했고 1940년 마지막으로 게재되기까지 약 12년이 걸렸지만, 유감스럽게도 작가는 이 작품을 완성하지 못했다. 실제로 집필된 작품은 관군이 서림을 앞세워 임꺽정의 무리를 토벌하기 위해 출동하는 부분에서 미완성인 채로 끝나 있다.

작가가 작품을 완성하지 못하고 타계해 버렸기 때문에 이 소설은 영원한 미완성품이 되었으나, 그럼에도 불구하고 뛰어난 문학작품으로 평가받는 것은 이 소설의 규모가 워낙 크고 구성이 웅장하며 순수한 우리말 어휘를 자유자재로 사용하고 있는 점 등이 오늘날의 작품에서도 쉽게 찾아볼 수 없는 문학적 성과로 꼽히기 때문이다. 그리고 이 소설의 가장 뛰어난 가치는, 역사 속에서 한 번도 주인공이 되지 못한 백성들의 삶을 새롭게 묘사하고 그들을 생생하게 부활시킨 진정한 의미에서의 민족문학이란 점에 있다.

참고: 임형택, 「벽초 홍명희와 「임꺽정」: 그 현실주의 민족문학적 성격」(「임꺽정」 해제), 「임꺽정」 10권, 사계절, 2008(4판 1쇄) ; 강영주, 「벽초 홍명희 연구」, 창비, 1999.

정 비사를 중심으로 하던 당시의 역사소설과는 그 판을 달리했다. 더구나 그 주인공이 하층민이라는 사실은 충격이었다. 처음 연재되던 당시만 하더라도 『동아일보』에는 춘원(春園) 이광수(李光洙, 1892~1950)의 『단종애사』가 연재되고 있었다.

『임꺽정』은 단 한 번도 주인공이었던 적이 없는 천민(賤民)을 소설의 '중앙'에 앉혀 놓은 작품이었다. 소설의 주인공, 캔버스의 중앙, 영화의 주연은 각광받는 자리이다. 이 중앙을 하층민이 차지한다는 것은 그것만으로도 혁명적인 것이었다. 이 때문에 『임꺽정』은 계급적 저항 소설로 읽힌다. 근대적 문학평론의 오래된 준거 틀이다. 임꺽정이 사회적 약자이고 또 그 동무들인 일곱 두령들이 가렴주구와 포악한 지배 권력에 저항하는 무리이기는 하다. 『명종실록』에도 '반적'(叛敵)으로 기록되어 있다. 그러나 그러한 계급의식은 이러저러한 충돌 지점에서 짧게 돌출할 뿐 사회 변혁 의식으로 발전하거나 일관되고 있지는 않다. 당시의 미성숙한 민중 의식의 현주소이기도 할 것이다.

『임꺽정』의 탁월함은 그러한 계급의식에 있는 것이 아니라 인간을 구속하는 일체의 사회적 문맥 자체를 시원하게 뛰어넘는 곳에 있다고 할 것이다. 너무나 인간적인 삶, 그리고 그러한 삶에 담겨 있는 자유의지와 우정이 그것이다. 우정을 음모(陰謀)라고 했던 에피쿠로스의 말이 새삼 와 닿는다. 온몸으로 부딪치는 인간관계와 그런 인간관계가 엮어 내는 삶의 진정성을 형상화하고 있다는 점이 『임꺽정』의 진면목이라고 할 수 있을 것이다.

수많은 고전들이 이미 탈근대 독법의 프리즘을 통과하고 있다. '작가의 죽음과 독자의 탄생'이 그것이다. 더구나 『임꺽정』은 새로운 독법의 가능성을 애초부터 풍부하게 담고 있었다. 완고한 근대적 관점이 그것을 봉쇄하고 있었을 따름이다. 『임꺽정』은 봉건적 관념을 뛰어넘고 있을 뿐 아니라 근대 문맥 역시 시원하게 뛰어넘고 있다. 한마디로 임꺽정과 그의 동무들은 '추방'(追放)당한 자가 아니라 '탈주'(脫走)하는 자들이다. 변방에서 만들어 내고 있는 새로운 삶의 전형이 바로 그것을 증거하고 있다.

그러나 『임꺽정』에는 주의해야 할 함정이 없지 않다. 임꺽정은 결코 강자(强者)가 아니라는 사실이다. 임꺽정은 비범한 무예와 담력을 지닌 '강자'의 초상으로 우리들에게 남아 있다. 더구나 소설 『임꺽정』이 미완으로 끝나기 때문에 임꺽정은 계속 살아 있다. 그러나 그는 실상 약자(弱者)이다. 기름진 들판에 살기에는 너무나

● **탈근대, 탈주**

탈근대(脫近代, post-modern)는 '근대'(近代, modern)적으로는 당연하게 여겨지던 모든 것에 관해 '해체'를 주장하는 것을 특징으로 한다. 절대적인 가치의 서열은 존재하지 않으며, 어떠한 지식이라도 선험적이고 절대적인 것이 아니라 역사적이고 사회적인 산물이며 우연적이고 임의적인 것이라는 입장이다.

그러므로, 텍스트에 담겨 있다고 상정되는 좁은 의미의 지식을 전달받는 것이 아니라 더 많은 정보와 지식을 재해석하고 나아가서는 재창조하는 것이 탈근대 독법이라 할 수 있다. 어떠한 지식도 객관적이고 절대 불변의 것은 없으며, 인간들의 관심이나 동기, 편견, 가치관, 기존의 지식과 경험, 이론 등에 의한 복합적인 작용을 통해 이루어진 상대적인 것이기 때문에, 상황이나 맥락에 따라서 수용될 수 있는 것이다.

철학에서 '근대'와 '탈근대'의 대립은 흔히 해석학, 의사소통 이론 등으로 대별되는 독일적 사유와 푸코, 데리다, 들뢰즈 등의 프랑스적 사유의 대립으로 간주되기도 한다.

'탈주'(脫走, fuite)는 질 들뢰즈(Gilles Deleuze, 1925~1995)와 펠릭스 가타리(Félix Guattari)의 저서 『천의 고원』에서 처음 사용되었다. 기존의 배치 안에서 고정되거나 강제되는 것에서 '벗어나 달리는 것', 새로운 가치나 방법을 창조하는 것을 말한다. 들뢰즈는 각종 생명체를 포함한 개체들을 가리켜 '차이의 생성을 욕망하는 기계'라고 정의하면서, 이들의 배치는 그 욕망 때문에 끝없이 변화할 수밖에 없다고 이야기한다. 배치가 만들어지는 것을 '영토화'라고 할 때, 그 배치가 풀리는 것이 '탈영토화'이며, 그 배치에서 벗어나는 것이 '탈주'이다. 욕망이 있는 한 기존의 배치를 뛰어넘으려는 탈주의 움직임은 멈추지 않는다.

참고: 진중권, 「근대와 탈근대의 변증법」, 『90년대 탈근대 논쟁의 평가와 현재적 의미』(민예총 월례 문예 포럼 2002년 3월), 민예총 문예 아카데미, 2002 ; 이정우, 『천하나의 고원』, 돌베개, 2008.

연약한 백정의 자식이었을 뿐이다.

실제의 임꺽정 역시 관군의 토벌에 쫓기다 무수한 화살을 맞고 체포되어 처형당한 비극의 주인공이다. 그곳이 청석골이라는 험처라고 하더라도 그곳은 어쨌든 평지가 아닌 산골짝이고, 변방이고, 사회적 약자들의 피신처이다. 그래서 어느 시인은 "기다리는 사람은 모두 산으로 갔다"고 노래하였다.

물론 임꺽정을 비롯한 사회적 약자의 불법적이고 폭력적인 이미지가 '강자'의 면모로 읽히는 것도 무리는 아니다. 그런 이미지를 입히는 주류 이데올로기도 그렇지만 우리는 사회적 약자가 최소한의 삶을 지키기 위해서 선택하지 않을 수 없는 대응 방식에 관해서도 무심하지 않아야 한다. 더 이상 물러설 곳이 없기 때문에 결코 약하게 보여서는 안 되는 것이다. 대부분의 사회적 약자는 문신을 하거나 성깔 있는 눈빛을 만든다. 위악(僞惡)을 연출한다. 생각하면, 사회적 약자는 위악을 주 무기로 하고, 반면에 사회적 강자는 위선(僞善)을 무기로 한다. 극적 대조를 보인다. 시위 현장의 소란과 법정(法庭)의 정숙이 그것이기도 하다.

『임꺽정』에서 만나는 수많은 사람들의 인생 유전과 시절 인연은

그것이 무용담이기보다는 그들이 얼마나 연약하고 가여운 삶의 주인공인가를 눈물겹도록 보여 준다. 더구나 나는 『임꺽정』에서 나의 겨울 감방을 추억한다. 일곱 두령들의 파란만장한 삶의 이력을 읽으면서 춥고 긴 겨울밤 눈물겹게 해후했던 감방 동료들의 기막힌 인생 유전들을 추억하기 때문이다. 나는 종종 교도소는 '산'이라고 대답한다. 쫓기는 사람들이 내일을 기다리는 곳이다. 산적에서부터 화전민, 천주학쟁이, 동학꾼…… 그리고 오늘날은 도시의 거대한 원심력에 밀려난 사람들이 주말마다 산을 찾고 있다. 그런 점에서 산은 변방의 전형이다. 그러나 산에는 꽃이 있다. '산유화'(山有花)가 그것이다. 그렇다. 산은 꽃이 있는 변방이며, 변방은 기존의 관념에 얽매이지 않는 자유와 창조의 공간이기도 할 것이다.

나는 이 글을 쓴 다음에 도종환 시인에게 메일을 보냈다. 자상한 설명에 감사드리고, 11월 5일로 예정된 제16회 벽초 문학제를 아름답게 마무리하도록 기원했다. 문학제 즈음에 비가 와서 혹시 비문에 넣은 먹이 번질 수 있지만 비누 묻힌 천으로 비면을 닦으면 곱게 지울 수 있다는 것, 그리고 언젠가는 다른 방법을 강구해서 바래거나 씻기지 않도록 하겠다는 약속을 전했다.

지혜, 시대와의 불화

─ 오대산 상원사

오대산 상원사(上院寺) '문수전'(文殊殿) 현판은 월정사(月精寺) 주지인 정념스님의 부탁으로 썼다. 벌써 10여 년 전의 일이다. 당시는 정념스님이 상원사 주지로 계실 때였는데, 상원사가 화재를 입고 나서 법당과 선원을 분리해 지으면서 현판을 다시 달아야 했다. 상원사 입구의 표석 글씨도 그때 함께 쓴 것이다.

문수보살은 지혜의 보살이다. 불자가 아닌 나로서는 '지혜'의 의미를 현판에 어떻게 담아야 할지 난감했다. 달포 이상 장고했다고 기억된다. 생각 끝에 결국 세 글자를 이어서 쓰기로 했다. 분(分)과 석(析)이 아닌 원융(圓融)이 세계의 본모습이며, 이를 깨닫는 것이 지혜라는 생각에서였다. 아무리 작은 미물이라 하더라도, 그리고 아무리 짧은 찰나라 하더라도 그것이 맺고 있는 중중(重重)의 인연을 깨닫게 되면 저마다 시공을 초월하는 한 송이 꽃으로 피어난다. 꽃으로 가득 찬 세상은 얼마나 엄숙한 화엄(華嚴)의 세계인가. 지혜란 바로 그런 깨달음일 터이다. 불가의 연기론(緣起論)이며 나로서는 '관계론'의 뜻을 담는 것이기도 했다.

월정사에는 그 후 두 번 들른 적이 있지만 여러 해 만의 방문인 셈이다. 오대산은 이번 가을 유난히 잦았던 돌풍 때문에 이미 단풍이 많이 졌다고 했다. 우리는 월정사에서 정념스님과 혜원스님의 안내로 먼저 상원사 입구에 서 있는 표석을 찾았다. 표석은 참으로 아름다운 자연석이다. 키가 3m가 훨씬 넘고 너비도 두께도 황금비율을 이루고 있다. 오랜 세월 계곡에 반쯤 묻힌 채 누워서 일어서기를 기다리고 있었던 돌이라고 했다. 표석에는 '오대산 상원사', '적멸보궁' 그리고 '문수성지' 세 글귀를 써야 했는데 글씨 배치가 쉽지 않았다. 역시 장고 끝에 오대산 상원사를 세로 글씨로 쓰고 그 옆에 적멸보궁과 문수성지를 낙관(落款)처럼 놓았다. 낙관은 원래 인주로 하는 것이어서 주문(朱文)이 되어야 하지만 정념스님은 벽사(辟邪)의 색인 금색으로 입혀 청정 도량의 의미를 돋보이게 했다.

표석 글씨에 관한 이야기를 잠시 나눈 다음 곧이어 상원사로 올라갔다. 문수전 앞마당에 오르자 과연 명당의 기가 느껴진다. 오대산 다섯 봉우리에 에워싸여 있으면서도 겹겹의 원근 능선이 수묵화처럼 펼쳐진다. 스님들이 선호하는 안거(安居) 1순위 사찰이 바로 상원사이다. 한 시간을 덜 자더라도 정신이 맑을 뿐 아니라 안

개와 바람마저 잦아든다고 했다. 글자 그대로 깨달음의 성지이고 지혜의 전당이다.

피부병으로 고생하던 세조가 상원사 계곡에서 몸을 씻고 있을 때 문수보살이 어린 동자로 현신하여 세조의 등을 씻어 주었다는 일화가 전해지고 있지만 오대산의 1만 문수보살은 지금도 이곳을 찾는 많은 사람들의 마음을 씻어 주고 있다는 느낌을 받는다.

문수전에는 여느 법당과 달리 부처님 대신 문수동자와 문수보살을 나란히 주존으로 모시고 있다. 한 몸이 둘로 나뉘어 있는 셈이다. 정념스님은 한 몸을 둘로 나누어 모시고 있는 것이 바로 인

● 상원사

상원사(上院寺)는 강원도 평창군 진부면(珍富面) 동산리(東山里)의 오대산(五臺山)에 있는 사찰로, 대한불교조계종 제4교구 본사인 월정사(月精寺)의 말사(末寺)이다. 705년(신라 성덕왕 4)에 건립되었다고 한다.

조선조의 숭유억불(崇儒抑佛) 정책으로 전국의 사찰이 황폐화되었지만, 상원사는 왕실의 보호를 받으며 더욱 번창했다. 1946년 실화로 건물이 전소되었다가 이듬해 다시 중창했다. 상원사에는 3점의 국보가 있는데, 상원사 동종(국보 제36호), 상원사 목조문수동자좌상(국보 제221호), 상원사 중창권선문(국보 292호)이다.

참고: 상원사 홈페이지 (http://www.woljeongsa.org/sang_index.php)

(因)과 과(果)가 둘이 아니라 하나라는 연기법이라고 했다. 그리고 문수동자상은 '석굴암 본존불', '금동미륵보살반가사유상'과 함께 우리나라 불교 예술의 3대 걸작 중 하나라고 했다. 단아한 이목구비와 미소 그리고 유려한 수인(手印)에 이르기까지 과연 빼어난 예술적 경지를 보여 주고 있다. 마침 법당 앞에 있던 할머님들이 스님을 에워쌌다. 스님의 모습이 문수동자와 너무 닮았다는 환성과 함께 입을 모아 '말씀'을 청했다. 스님은 주련 글귀를 하나하나 짚어 가며 자상한 설명을 마다하지 않는다. 나는 스님의 '말씀'에 연신 합장하는 할머님들을 바라보면서 생각했다. 비단 할머님들뿐만이 아니라 이 시대를 살아가는 사람들이 간절하게 원하는 '말씀과 지혜'가 무엇일까. '말씀과 지혜'는 화두처럼 종일 생각을 떠나지 않았다.

두 분 스님과 할머님들 속에 섞여 종각에 이르렀다. 상원사 동종은 우리나라에서 가장 오래된 동종일 뿐 아니라 모양과 소리가 아름답기로 유명한 국보 36호이다. 종은 종소리가 퍼져 나갈 드넓은 세계를 바라보고 있었다. 특히 눈에 띄는 것은 종의 입지름이 줄어들면서 만들어 내는 조용하고 겸손한 자태다. 그러면서도 그 속이 충만하다는 느낌을 안겨 준다. 범종은 중생의 어리석은 마음을 범종 소리가 깨우쳐 준 묵언의 지혜가 서울의 정보 홍수 속에서 과연 어떤 정처(定處)를 얻을 수 있을까. 더 많은 생산, 더 많은 소비를 갈구하는 욕망과 소유의 고해(苦海)에서 무소유의 설법이 어떤 여운으로 사람들의 가슴에 남을 것인가.

부처님 품으로 이끌어 주고 듣는 이의 마음을 맑게 한다고 한다. 그것이 곧 깨달음이고 지혜이기도 할 것이다.

정념스님은 혜원스님을 시켜 열쇠를 가져오게 하여 종메를 풀었다. 종메는 고래(鯨)요, 종은 용뉴(龍紐)에 틀고 앉아 있듯이 용(龍)이다. 용과 고래의 한판 승부가 바로 타종이라는 것이다. 나는 생전 처음 타종의 경험을 하게 된다. 종소리는 과연 정념스님의 설명처럼 용과 고래의 충돌이었다. 엄청난 충격이 전신을 강타했다. 단정하고 겸손한 모습과 달리 종소리는 높은 파도가 되어 온몸을 덮쳤다. 깨달음이란 우선 이처럼 자신이 깨뜨려지는 충격으로부터 시작되는 것이 옳다. 종소리는 나를 깨뜨리고 멀리 오대산 전체를 품에 안았다. 나는 나를 남겨 두고 종소리를 따라가고 있었다. 오대산 1만 문수보살의 조용한 기립(起立)이 감은 눈에 보이는 듯하다. 종소리는 긴 여운을 이끌고 가다가 이윽고 정적(靜寂)이다. 소리가 없는 것을 정(靜)이라 하고 움직임이 없는 것을 적(寂)이라 한다. 1만 문수보살은 다시 산천으로 돌아가고 세상은 적멸(寂滅)이다.

소리의 뼈는 침묵이라는 시구를 남기고 요절한 시인의 죽음이 생각났다. 지혜의 끝 역시 침묵이 아닐까. 그러나 내가 따라가 본 종소리의 끝은 침묵이 아니었다. 그것이 침묵이고 고요이고 적멸이긴 하지만 그곳에서는 감동의 '장'(場)이 펼쳐지고 있었다. 문수보살이 보현보살을 만나고 다시 비로자나불을 만나고 삼라만상을 만나고 이승과 저승이 만나는 거대한 만남의 '장'이 전개되고 있었다. 타종은 협소한 주아(主我)를 끊는 탈주(脫走)이면서 동시에 더 큰 것과 만나는 접속(接續)이었다. 탈접동시(脫接同時)라고 했던가.

● **소리의 뼈는 침묵**

이 시구는 기형도(奇亨度, 1960~1989)의 시 「소리의 뼈」에 나온다. "김교수님이 새로운 학설을 발표했다 / 소리에도 뼈가 있다는 것이다 …… 그러나 어쨌든 / 그 다음 학기부터 우리들의 귀는 / 모든 소리들을 훨씬 더 잘 듣게 되었다." 시의 내용을 일별해 보면 다음과 같다. '소리에도 뼈가 있다'는 새로운 학설을 발표한 김교수는 한 학기 내내 강의실에서 침묵으로 일관하고, 이 침묵을 답답하게 생각한 학생들 사이에서 '소리의 뼈'가 무엇인지에 대한 논쟁이 벌어진다. '침묵'이라고 답하는 학생도 있고, '숨은 의미'라고 풀어 보는 학생도 있다. 하지만 김교수는 학기가 끝나는 마지막 날까지 침묵으로 일관할 뿐이다. 그런데 이 수업에 참여했던 학생들에게 의외의 상황이 벌어진다. "귀는 모든 소리들을 훨씬 더 잘 듣게" 된 것이다. 시인 기형도는 1985년에 『동아일보』 신춘문예에 시 「안개」가 당선되며 문단에 등장해서 이후 독창적이고 개성적인 시들을 발표했으나, 1989년 3월 젊은 나이로 타계했다. 그의 시 「소리의 뼈」는 유고 시집 『입 속의 검은 잎』에 수록되어 있다.

참고: 기형도, 『입 속의 검은 잎』, 문학과지성사, 2002(재판 30쇄).

불가에서는 애초부터 세계를 분석하지 않는다. 지식의 습득이 아니라 깨달음이 지혜의 본질이기 때문이리라. 그러나 정보사회에서는 정보의 양이 지식의 높이가 된다. 많이 쌓을수록 지혜가 커진다. 근대의 시작은 남의 지(知)를 내게 쌓을 수 있다는 신념의 출현과 함께한다고 한다. 그러나 그것의 누적이 결국 혼란이 되고 홍수가 된다면, 그것을 지혜의 길이라고 할 수 있을까. 더구나 그것이 타자화하고 대상화하고 분석하는 일에 지나지 않더라도 그럴까. 그럼에도 불구하고 우리는 그것을 쌓고 소유하는 것으로 공부를 끝낸다. 공부란 깨달음이며 자기 변화로 이어져야 하는 것이 아닐까.

몇 년 전의 일이다. 한밤중에 전화가 울려 왔다. 한밤의 전화는 예사로운 것이 아니다. 깜짝 놀라 서둘러 전화를 받았다. 놀랍게도 편안한 목소리가 나를 맞았다. "선생님 달 보냈습니다. 받으세요." 그 한마디만 남기고 전화는 끊어졌다. 월정사의 현기스님이었다. 아파트 베란다에 나갔더니 과연 중천에 보름달이 와 있었다. 현기스님이 보낸 달이었다. 소유란 무엇인가? 달(月)의 정(精)이란 자기가 깨닫는 것만큼 가질 수 있을 뿐이다. 자기가 변화한 것만큼 몸으로 가지게 되는 것인지도 모른다.

현판 글씨의 인연으로 다시 찾은 상원사의 가을은 내게 참 많은 생각을 안겨 주었다. 내려오는 길에 우리는 사진 기자의 요구로 섶다리 건너 오솔길로 들어섰다. 월정사에서 상원사에 이르는 9km의 숲속 길이다. 정념스님은 이 좁은 오솔길이 '지혜의 길'이 될 것이라고 했다. 월정(月精)에서 문수(文殊)에 이르는 길, 달의 정기를 만나고 문수보살을 찾는 마음이 곧 지혜이기도 할 것이다. 그러나 나는 이 지혜의 길에서 내내 울적한 심사를 달래지 못한다. 범종 소리가 깨우쳐 준 묵언의 지혜가 서울의 정보 홍수 속에서 과연 어떤 정처(定處)를 얻을 수 있을까. 더 많은 생산, 더 많은 소비를 갈구하는 욕망과 소유의 고해(苦海)에서 무소유의 설법이 어떤 여운으로 사람들의 가슴에 남을 것인가. 산사의 가을에서 만나는 생각이 부질없고 쓸쓸하기가 이와 같았다. 마치 인적 없는 변방의 그것이었다. 그러나 또 한편 생각하면, 진정한 깨달음이란 근본에 있어서 시대와의 불화(不和)이어야 하리라. 사건과 같은 충격 그리고 충격 이후에 비로소 돌출하는 후사건(後事件)이 깨달음의 본 모습이 아닐까.

이 글을 쓰고 있는 중에 마침 다람살라에서 돌아온 현기스님의 전화가 왔다. 나의 질문에 대한 답변은 너무나 간단했다. "깨달음은

없다"는 것이었다. 그렇다. 우리가 반성해야 하는 것은 깨달음마저도 소유의 대상으로 삼고 있는 것이 아닐까. 끊임없는 불화와 긴장 그 자체가 지혜인지도 모른다. 용과 고래의 한판 쟁투가 우리 시대가 치열하게 고민해야 하는 지혜의 현실적 모습인지도 모른다.

역사의 꽃이 된
죽음 앞에서

─ 전주 이세종 열사 추모비·김개남 장군 추모비

전주는 20년 수형 생활의 마지막 3년을 보내고 출소한 곳이다. 그래서 지금도 전주는 내게 커다란 햇볕이다. 교도소의 문을 열고 걸어 나올 때 온몸에 쏟아지던 그 8월의 햇볕이다. 신문지만 한 햇볕 한 장 무릎에 얹고 마냥 행복해하던 겨울 옥방의 그것에 비하면 8월의 뜨거운 햇볕은 환희였고 생명이었다. 그리고 전주교도소에는 또 하나의 추억이 있다. 노래 「떠나가는 배」가 그것이다. 출소 일주일 전쯤 우리는 신입자로부터 이 노래를 배우게 된다. 그러다가 석방 이틀 전 가족 접견 때 은밀한 출소 소식을 듣는다. 우리 감방에서 내가 가장 오래 복역했지만 차마 출소 사실을 입 밖에 내지 못한 채 함께 노래를 불렀다. "언제 다시 오마는 허튼 맹세도 없이 봄날 꿈같이 따사로운 저 평화의 땅을 찾아……" 내게 전주는 햇볕과 평화의 땅이었다.

그러나 오늘 전주행은 마음이 무겁다. 두 개의 추모비를 찾아가는 길이기 때문이다. 하나는 전북대학교 학생회관 옆의 이세종(1959~1980) 열사 추모비이고, 또 하나는 덕진공원의 김개남(金開南,

1853~1895) 장군 추모비이다. 이세종 열사는 1980년 5·18광주항쟁의 최초 희생자이고, 김개남은 전봉준, 손화중과 함께 갑오농민혁명의 지도자이다. 이 두 개의 비는 모두 비극적 죽음을 증거하는 추모비이다. 이세종 열사는 1980년 5월 18일 새벽 1시 전북대학교 교정으로 진입한 계엄군에게 쫓겨 학생관 옥상에서 집단구타를 당하고 의문의 추락사를 하게 된다. 그리고 김개남 장군은 갑오농민전쟁의 참담한 패전과 함께 1895년 1월 8일 전주감영 마당에서 '횃불 아래 반역의 부릅뜬 눈으로 목 베여' 육시를 당한다.

오늘 햇볕과 평화의 땅에서 추모비를 마주하는 마음이 당혹스럽다. 더구나 이세종 열사의 추모비는 거기 새겨진 비문이 가슴을 아프게 한다. "다시 살아 하늘을 보고 싶다." 김성숙 선생은 학우였던 이세종의 마음이 되어 이 비문을 만들었다고 했다. 나는 이세종 열사 대신 하늘을 올려다보았다. 마침 너무나 푸른 가을 하늘이 차라리 슬픔이었다. 오늘 추모비 앞에 모인 당시의 학우들도 같은 표정이었다. 30년이 지나 아픔이 한결 가셨을 법도 하건만, 반가운 인사마저 서로 조심스러워하고 있었다. 단지 살아 있다는 것만으로도 죄책감을 면할 수 없었던 세월이었다. 국회의원, 시의원에서부터 교사와 일용직에 이르기까지 저마다 걸어온 길이 한

결같지 않지만, 학창 시절의 우정과 이상이 어떻게 굴절되고 부침하였는지 돌이켜보면 30년 세월이 강물처럼 흘러든다. 추모비 근처 벤치에는 어린 학생들이 오후의 행복한 대화에 여념이 없고, 우리도 이세종 열사가 추락한 표지판 옆에서 커피를 마신다. 삶이란 무엇인가? 우리의 삶 속에 묻혀 있는 수많은 사연들은 과연 우

● 5·18 광주민중항쟁과 이세종 열사

1979년 12·12군사반란을 일으켜 국가 권력을 장악한 전두환을 주축으로 한 신군부 일당은 거세지는 민주화 운동 세력과 야당의 정적을 제거하기 위해 1980년 5월 18일 0시를 기해 비상계엄 전국 확대를 단행했다. 비상계엄의 확대에 따라 전북 금마에 주둔하고 있던 7공수부대가 17일 밤 10시경 광주에 투입되어 전남대, 조선대, 교육대 등에 진주하였다. 이에 맞서 일어난 민주화 운동이 바로 5·18광주민중항쟁이다. 그리고 이 사건의 첫 번째 희생자가 당시 전북대 농학과 2학년에 재학 중이던 이세종(1959~1980) 열사였다. 이세종 열사는 5월 17일 밤, 학내로 쳐들어온 계엄군에 쫓겨 학생관 옥상에서 의문의 추락사를 했는데, 당시 주검을 검안했던 이동근 교수가 추락 전 집단 폭행 가능성을 제기했다.

5·18 민주화 운동의 성지인 광주에서 숨진 것이 아니었기 때문에 희생자로 인정받기까지 20년의 시간이 걸렸다. 1998년 10월 광주민주화운동 보상위원회에서 5·18 관련자로 인정받았으며, 1999년에야 광주 망월동 묘역에 안치되었다. 이세종 열사가 목숨을 잃은 전북대 학생회관 바로 옆의 현재 '이세종광장'으로 불리며 열사의 추모비가 세워져 있다.

참고: 「5·18 첫 번째 희생자는 광주가 아닌 전주의 이세종 열사」, 『오마이뉴스』 2000년 5월 18일자 기사.

리의 생각에 어떤 강물로 흘러드는가? 유난히 화창한 가을 햇살이 오늘은 상처를 헤집는 아픔이 된다.

김개남 장군 추모비가 있는 덕진공원은 전북대학교에서 도보로 10분 거리에 있다. 자연석 추모비는 이끼가 돋고 비바람에 바래어 글씨가 얼른 눈에 띄지도 않았다. "개남아 개남아 김개남아"라는 비문에서 역시 누군가의 목소리가 들려오는 듯하다. 이 글귀는 당시 "새야 새야 파랑새야"와 함께 불리었던 "개남아 개남아 김개남아, 수천 군사 어디 두고 짚둥우리가 웬 말이냐"라는 노래의 1절이다. 비문의 글씨도 식별이 어려울 정도였지만 사실은 그 글씨를 부탁한 사람을 내가 기억하지 못하고 있었다. 김남규 시의원이 찾아 온 당시의 기록을 보고 나서야 그 전후 사정을 자세히 알 수 있었다. 나에게 글씨를 부탁한 사람은 『신택리지』의 저자인 향토문화연구회의 신정일 선생이었다. 물론 김남주 시인이 작고해서 연결 고리가 끊겼기 때문이기도 하지만 1993년 5월 목동의 우리 집에서 커피까지 함께 마셨음에도 불구하고 그리고 얼마 전에 그의 저서를 읽었음에도 불구하고 그것을 까맣게 잊고 있었다. 이 자리를 빌려 양해를 구한다. 그날 우리 집에서 이이화 선생께 전화를 걸었으나 연결이 되지 않았던 것까지는 기억이 되살아났다. 인연

그러나 오늘 내내 지울 수 없는 생각은 비록 그것이 역사의 꽃이 된다고 하더라도 모든 죽음은 거대한 상실이라는 사실이다. 그것은 우리들이 두고두고 통한의 아픔으로 메워야 할 거대한 함몰이 아닐 수 없다.

이란 참으로 우연처럼 다가오는 것이다.

일단 우리 집에서 나와 신정일 선생 일행은 전화를 걸기 위해서 근처의 파리공원에 들렀고 거기서 뜻밖에 김지하 시인을 만난다. 김개남 장군 비문을 받기 위해서 상경했다는 말을 듣고 김지하 시인은 동학혁명과 김개남 포(包)에 관한 이야기에 이어 장모님이 김개남 장군의 팬이어서 『토지』의 김개주가 바로 김개남이라는 이야기를 들려준다. 대하소설 『토지』는 남루한 옷차림의 구천이가 평사리의 최 참판 댁에 모습을 나타내는 것으로 시작되고 있다. 구천은 최치수의 어머니 윤씨 부인과 김개주 사이에 난 아들이었고 평사리에 흘러들었을 때는 괴멸된 김개주 부대의 패잔병이기도 했다. 신정일 선생은 전주로 돌아오자마자 원주의 박경리 선생과 전화 통화를 한다. 박경리 선생으로부터 통영에서 어린 시절을 보내며 김개남 장군에 대한 이야기를 많이 들으며 자랐고 그래서 『토지』에 그 양반을 썼다는 이야기, 김개남 장군은 세계적 혁명가이며 후배 작가들에게 작품화를 권고하기도 했다는 이야기를 듣는다.

이광철 전 국회의원은 김개남 장군이 동학농민전쟁의 탁월한 지도자임에 틀림없지만 그에 대해서는 부정적 평가도 없지 않다는 것을 지적했다. 승패의 분수령이 된 우금치 전투에 합류하지 않고

● 동학농민혁명과 김개남 장군

동학농민혁명(東學農民革命)은 1893년부터 1895년까지 동학 지도자들과 동학교도 및 농민들에 의해 일어난 민중의 무장 봉기를 가리키며, 크게 1894년 음력 3월의 고부 봉기(제1차)와 음력 9월의 전주·광주 궐기(제2차)로 나뉜다. 동학농민혁명은 전라도 고부군에서 일어난 민란에서 비롯되었다. 전라도는 물산이 풍부한 곡창지대로 조선 시대 내내 수탈의 대상이 되었고, 농민들은 항상 탐관오리의 가렴주구에 시달리고 있었다. 1894년 고부군수 조병갑의 지나친 가렴주구가 민란의 도화선이 되었다. 초기에는 동학란으로 불리다가 대한제국 멸망 이후 농민운동, 농민혁명으로 격상되었다. 갑오년에 일어났기 때문에 갑오농민운동, 갑오농민전쟁이라고도 한다. 청일전쟁의 직접적인 원인이 되었다.

김개남(金開南, 1853~1895) 장군의 본래 이름은 영주(永疇)이며, 자(字)는 기선(箕先)이다. 개남(開南)이란 이름은 동학농민혁명 과정에서 조선의 남쪽을 새로 열자는 뜻으로 개명했다고 한다. 전봉준, 손화중과 함께 동학농민혁명의 3대 지도자로 일컬어지는 김개남은 이 가운데서도 강경파였다. 그는 남원에서부터 금산, 무주, 진안, 용담, 장수를 비롯하여 전라좌도를 호령했으며 영남의 서남부 지방까지 그 세를 떨쳤다.

왕을 중심으로 하는 '보국안민'(輔國安民)을 주장하던 전봉준 등과는 달리 김개남은 부패한 조선 정부를 부정하고 남쪽에 새로운 나라를 세우고자 했는데, 스스로 개남국왕이라 했다는 설이 있다. 김개남은 제2차 봉기 후 청주전투에서 패하고 전라감사 이도재에게 붙잡혀 전주 서교장에서 즉결처분되면서, 재판 기록이 있는 전봉준 등과 달리 그의 활약상은 역사 속에 묻혀 버리고 말았다.

박경리의 대하소설 『토지』에 '김개주'라는 중인 출신의 인물이 등장하는데, 동학 의병장이자 백성의 영웅인 신비로운 모습으로 표현된다. 이 김개주라는 인물이 역사상의 실존 인물인 김개남 장군을 모델로 한 것이라고 한다.

참고: 한국학중앙연구원, 『한국민족문화대백과사전』.

후방에 남아 있었기 때문이다. 전봉준(全琫準, 1855~1895) 장군이 우금치에서 수십 차례의 공방을 거듭하며 혈전을 치르고 있는 동안 김개남 장군은 전주에서 포병 8천 명을 거느리고 금산·청주를 거쳐 서울로 진격할 계획을 세우고 있었다. 전력을 집중하지 못한 것이 참담한 패배로 이어진 것이 사실이다. 그러나 그에 앞서 전봉준과 김개남의 현실 인식에 있어서의 차이를 주목할 필요가 있다. 전봉준이 일본의 침략에 대응하여 반봉건 투쟁을 일단 유보하고 항일·반제 투쟁에 주력하는 이를테면 주요 모순 우선 노선임에 비하여, 김개남은 어디까지나 계급 모순을 중심에 두는 기본 모순 우선 노선이다. 그래서 이름도 개남(開南)으로 바꾸어 남쪽에 새로운 나라를 연다는 뜻을 담았다. 남원부사를 비롯하여 순천부사, 고부군수 등을 차례로 처단하는 등 그의 비타협적 의지는 전봉준의 근왕주의적(勤王主義的) 태도와는 분명한 차이를 보인다. 그것 역시 부정적 평가의 근거가 되기도 할 것이다. 그러나 패전 이후 최후까지 끈질기게 항쟁의 맥을 이어간 부대가 바로 김개남 포라는 사실에 대해서는 이의가 없다. 비록 패배로 막을 내리긴 했지만 갑오농민혁명은 그 후 의병전쟁, 3·1만세운동, 광주학생운동, 4·19혁명 그리고 광주민중항쟁과 6월항쟁 등 역사의 도도한 흐름으로 이어진다. 뿐만 아니라 지금 우리가 당면하고 있는 논란과 쟁점 역시 이러한 흐름의 연장선상에서 크게 벗어나지 못하고 있다. 남북, 좌우, 진보, 개혁, NL, PD, FTA 그리고 답보하고 있는 연대와 통합에 이르기까지 그 끈질긴 역사적 연루를 재확인하게 된다.

햇볕 속으로 걸어 나온 전주에서 오늘 10분 거리에 있는 두 개의 추모비와 100년 간격의 역사를 동시에 만나면서 다시 한 번 삶과 역사의 엄청난 인연에 숙연해진다. 우리가 기억하는 것은 강물의 표면에 투영된 그림자에 지나지 않는 것인지도 모른다. 무심히 흘려보내고 있는 수많은 사연들에 생각이 미치면 우리들 자신이 마치 강물에 떠내려가는 한 잎 낙엽이 된다. 생각하면 우리의 삶이란 인연이면서 우연이고 우연이면서 또한 필연인지도 모른다. 우리들이 살아가면서 엮는 사람들과의 인연이 그렇거든 하물며 역사의 인연이야 오죽하랴. 거대한 산맥이 서로 밀고 당기듯 그 우람한 역사의 인연은 운명이라고 할 수밖에 없지 않을까.

그러나 오늘 하루 종일 뇌리를 떠나지 않는 것은 햇볕과 아픔의 역설적인 인연이었다. 햇볕이 화창할수록 마음은 더욱 처연해지고 마음이 처연해질수록 햇볕은 더욱 화창하였다. 차가운 시멘트

바다에 추락한 죽음과 횃불 아래 육시당한 죽음은 처절하다. 그 처절함 때문에 더욱 빛나는 역사가 되는 것도 그렇다. 프랑스의 작가이자 정치가인 앙드레 말로(André Malraux, 1901~1976)는 "누가 프랑스혁명을 실패라고 하는가"라고 반문하며 모든 민중 투쟁은 장구한 역사적 맥락에서 언제나 승리라고 선언한다. 그러나 오늘 내내 지울 수 없는 생각은 비록 그것이 역사의 꽃이 된다고 하더라도 모든 죽음은 거대한 상실이라는 사실이다. 그것은 우리들이 두고두고 통한의 아픔으로 메워야 할 거대한 함몰이 아닐 수 없다. 모든 실패에 대하여 누군가의 책임을 묻는 것이 쉽기는 하다. 그러나 누구도 그 책임에서 자유로울 수 없는 것 또한 사실이다. 그리고 더욱 중요한 것은 목숨보다 더 소중한 것은 없다는 사실이다. 과연 추모비에 새겨진 글귀는 수많은 사람들의 아우성이 되어 햇볕처럼 가을 하늘에 울려 퍼진다.

"다시 살아 하늘을 보고 싶다."
"개남아 개남아 김개남아."

민초들의 애환,
700리 한강수

― 서울특별시 시장실의 〈서울〉

1994년은 조선조 태조(太祖)가 수도를 개성에서 서울로 옮긴 지 600년 되는 해이다. 예술의 전당에서는 서울 정도(定都) 600년을 기념하는 서예전이 기획되었고 나는 주최 측으로부터 출품 요청을 받았다. 서울을 주제로 한 작품을 출품해 달라는 것이었다. 나는 물론 서예가가 아니고 또 저명인사도 아니라는 이유를 들어 사양하였다. 그랬음에도 불구하고 나는 출품과 관계없이 나 혼자서 서울을 주제로 한다면 어떤 작품을 만들 수 있을까 고민을 하게 된다. 당시 서예전을 기획하고 추진했던 이동국 차장의 청탁이 간곡하기도 했다.

생각하면 서울은 참으로 아름다운 풍수지리를 갖추고 있고 그 위에 600년 역사가 켜켜이 누적된 땅이다. 서울의 600년 역사를 돌이켜 보면 더욱 감개가 깊다. 다시 한 번 땅과 역사를 돌이켜 보게 된다. 북한산에 오르면 서울의 경관이 한눈에 들어온다. 지금은 너무 많은 건물들이 들어차서 산수의 아름다움에 대한 감상보다는 땅이 꺼지지 않을까 걱정이 앞서지만, 북악을 주산(主山)으로

北岳無心五千年　漢水有情七百里　牛耳

하고 낙산과 인왕산을 좌청룡(左靑龍) 우백호(右白虎)로 거느리고 있는 지세는 단연 명당의 전범(典範)이다. 그 한가운데를 청계천이 명당수(明堂水)로 흐르고, 명당수 건너 안산(案山)으로 남산을 놓고, 그 너머 객수(客水)인 한강이 명당수와는 반대 방향으로 흐른다. 멀리 남천(南天)에는 객산(客山)인 관악산이 반공(半空)을 가르고 있다.

천시(天時)·지리(地利)·인화(人和)를 삼재(三才)라 하지만 그중에서 인간의 삶에 직접적인 영향을 미치는 것은 지리이다. 땅이 곧 삶의 터전이기 때문이다. 자연의 구속력이 컸던 옛날에는 더욱 그랬다. 그래서 서울을 주제로 한다면 단연 산천을 중심으로 삼아야겠다는 생각을 하게 되었고, 서울의 산천이라면 역시 북악과 한강이었다. 나로서는 출품 약속을 하지 않은 상태였기 때문에 부담감이 없었다. 나는 아예 '서울'이라는 글자를 북악과 한강으로 형상화하기로 하고 시필(試筆)하였다. 한자(漢字)의 경우 '山'은 전서체로 '𠨍'으로 쓴다. 문자와 그 문자가 지시하는 대상이 같다. 한글은 한자와 달라서 상형문자가 아니라 기호이다. 그래서 형상화하기가 쉽지 않았다. 여러 차례 실패를 거듭한 끝에 '서' 자를 산처럼, 그리고 '울' 자를 강물처럼 나름대로 형상화하였다. 그리고

시 한 구절을 지어 방서(傍書)하였다. "북악무심오천년(北岳無心五千年) 한수유정칠백리(漢水有情七百里)"가 그것이다. 북악산은 5천 년을 무심하지만 한강수는 700리 유정하구나. 작품과 함께 주최 측에 제출한 작품 해설에는, "북악은 왕조를 상징하고 한수는 민초를 상징한다. 북악은 5천 년 동안 백성들의 고통에 무심하였지만 한수는 민초들의 애환을 싣고 700리 유정하게 흐르고 있다"라고 썼다. 산천에 더하여 천시(天時)와 인화(人和)의 역사를 담은 셈이다.

생각하면 600년 서울의 역사는 참으로 파란만장하다. 북악산 성곽 길을 따라 걸어가면 경복궁을 비롯한 왕궁들이 아래로 굽어보인다. 북악의 품에 안긴 왕궁은 화려한 문물의 전당이면서 동시에 권좌를 에워싼 권력 투쟁의 장이다. 정변과 사화가 끊이지 않았고, 숱한 사람들이 형틀에 묶여 국문(鞠問)을 당하고 뒤주 속에서 세자가 죽어 가기도 한 역사의 현장이다. 그리고 눈을 들어 조금 더 멀리 바라보면 한강이 보인다. 북악의 비정한 정치와는 상관없이 고단한 삶을 살아가고 있는 민초들의 애환이 강물처럼 흐른다. 백성들은 마치 한강이 서울을 안고 흘러가듯이 나라를 걱정하며 가난한 이웃들과 함께 눈물겨운 삶을 이어오기도 했다.

이동국 차장은 작품을 받고 대단히 기뻐했다. 오늘 시청사를 찾아가기 위해 만난 자리에서도 당시를 회고하면서 디자인과 문화의 화룡점정이 글씨인데도 글씨 문화, 서예 문화가 변방으로 밀려난 현실을 개탄한다. 오늘날의 서예는 그 형식은 기교에 갇혀 있고 내용은 복고적 메시지를 답습하고 있어서 그렇다는 것이다.

서예의 법을 한마디로 표현하는 '서여야'(書如也)란 금언이 있다. 무릇 글씨는 같아야 한다는 것이다. '같다'는 것은 물론 글씨의 형식과 내용이 같아야 한다는 뜻이지만, 그러한 형식과 내용의 조화뿐만 아니라 서예란 다른 모든 예술과 마찬가지로 그 시대의 고민을 담아야 하고 그 글씨를 쓴 사람이 그 속에 담겨야 한다는 뜻으로 읽는 것이 옳다. 〈서울〉이라는 작품이 물론 그러한 법을 충실하게 체현하고 있다고 할 수는 없다. 그러나 적어도 기호에 불과한 '서'와 '울'을 산과 강으로 형상화했다는 사실에 대해서는 디자인을 전공하는 지인들이 일정하게 평가해 준다. 그 외에도 서울을 북악과 한강으로 추상하였다는 점, 북악과 한강을 다시 왕조 권력과 민초의 애환으로 대비함으로써 조선조 역사의 일단을 담았다는 사실, 그리고 그러한 역사가 오늘의 정치 현실과도 무관하지 않다는 사실에 대해서는 많은 사람들이 공감하리라고 믿는다.

초대 민선 시장인 조순 전 시장 취임 초였다. 북한산 산행에 동참한 적이 있다. 뜻밖에 조순 전 시장으로부터 이 작품에 대한 이야기를 들었다. 특히 시장 취임 이후에는 방명록에 이 방서의 시구를 쓰기도 한다는 사실을 알게 됐다. 그래서 이 작품을 서울시에 기증하기로 약속했다. 그 글씨가 있을 곳이 서울시청이라는 생각이 들었기 때문이다. 그 후 이 〈서울〉 작품은 계속 시장실에 걸려 있으면서 벌써 여러 분의 시장을 맞이하고 보내고 있다.

오늘 이 글씨가 걸려 있는 시장실을 찾아가면서 한편 조심스러운 걱정이 없지 않았다. '변방을 찾아서'라는 기획 연재의 제목 때문이다. 서울시청을 변방으로 여긴다는 것이 결례이기도 하고 자칫 오해를 살 수도 있겠다는 걱정이 없지 않았다. 그러나 막상 박원순 시장을 만나자 이러한 걱정이 기우였다는 것을 알았다. 서울시청이 변방이라고 할 수는 없지만 변방의 애환을 시정에 담는 것이 자신의 시정 철학이라는 것이었다. 소외된 이웃과 소통하고 사회적 약자의 애환에 귀 기울이는 시정을 꾸려 가겠다는 의지가 분명했다. 나는 오늘 시장실을 찾아오는 동안 생각했다. 경복궁과 청와대로 상징되는 북악이 정치권력의 상징이라면 서울시청은 민초들의 애환이 흘러드는 700리 한강수였으면 하는 생각이 없지 않았다.

북악이 권력의 상징이라면 멀리 낮은 곳으로 흐르는 한강이야말로 우리가 회복해야 할 소통과 화해의 상징이다. 나는 서울시청이 북악이기보다는 한강수이기를 바란다. 민초들의 애환과 함께 유정하게 흘러가는 700리 도도한 강물이기를 바란다. 우리 시대가 잃고 있는 공감과 소통의 다정한 공간이기를 바란다.

박원순 시장은 서울시청의 이러한 위상에 흔쾌하게 공감하였다. 뿐만 아니라 변방이 중심으로 끊임없이 흘러드는 것이 역사의 발전이라는 자신의 역사관을 펼쳐 보이기도 했다. 이번 시장 선거만 하더라도 변방인 시민운동이 중심으로 진출한 것으로 이해할 수 있다고 했다.

"이 글의 취지와 조금도 다르지 않다고 생각하지요. 중심은 쇠퇴를 향해서 가게 되고 변방은 늘 중심으로 가게 되는 것이 역사의 큰 법칙이잖아요. 제가 서울시장이 되었다는 것은 어떻게 보면 외형적으로는 중심으로 온 것이지만, 그동안 변방에서 일했던 경험

들을 중심에 적용하고 그럼으로써 퇴행된 것을 건강하게 만들어 나가야 하는 책임이 있지요. 변방과 중심의 순환이 있어야 합니다. 변방 정신을 여기에 접목시켜야 서울이 더 건강하고 행복할 수 있다고 생각합니다."

그리고 박 시장은 한 걸음 더 나아가 '서도(書道)의 관계론'을 피력하기도 하였다. 한 획, 한 글자가 중요한 것이 아니라 획과 획, 글자와 글자가 서로 돕고 의지함으로써 전체의 균형과 조화를 이루어 내는 것이 서도의 철학이라는 논지이다. 박 시장은 서도의 이야기에 이어서 사람의 능력도 서도와 같이 장단점이 서로 보완될 수 있는 최적의 조화를 만들어 나가야 한다고 했다. 그런 점에서 능력 평가나 채용 방식에 있어서도 생각해야 할 점이 많고, 특히 복지 정책의 경우에도 노인 복지와 보육 시설을 서로 조화시켜서 노인과 어린이가 함께 어울리면서 만들어 내는 복지 효과에 대해서도 고민해야 한다고 했다. 짧은 접견 시간 동안 참 많은 이야기를 들려주었다. 그리고 결론처럼 이야기하였다.

"제가 북악에 더 가까이 왔잖아요. 북악과 한수를 잘 연결할 책임이 있는 것 같습니다."

우리 시대가 잃고 있는 것이 바로 조화와 소통이 아닐까. 산수(山水)는 대우(大友)라고 한다. 산과 물은 오래된 친구라는 뜻이다. 물이 없이 어떻게 산이 수목을 키울 수 있으며 산이 없이 어찌 물이 흐를 수 있으랴. 북악과 한강이 서로 환포(環抱)하듯이 서로가 서로를 감싸고 어루만져야 진정한 벗이 될 수 있는 법이다. 북악이 권력의 상징이라면 멀리 낮은 곳으로 흐르는 한강이야말로 우리가 회복해야 할 소통과 화해의 상징이다. 나는 서울시청이 북악이기보다는 한강수이기를 바란다. 민초들의 애환과 함께 유정하게 흘러가는 700리 도도한 강물이기를 바란다. 우리 시대가 잃고 있는 공감과 소통의 다정한 공간이기를 바란다.

새로운 시작을 결의하는
창조 공간

― 봉하마을 고 노무현 대통령 묘석

봉하로 가는 길은 멀었다. 봉하가 멀다는 것은 물론 거리 때문만은 아니지만 서울에서 아침 8시에 출발하여 고속도로를 그야말로 고속으로 달려 오후 1시경에야 겨우 도착했다. 그러나 이처럼 멀고 작은 시골 마을에 지금은 연간 100만 명이 넘는 사람들이 찾아오고 있다. 변방의 창조성을 이처럼 분명하게 보여 주는 현장이 달리 있을 것 같지 않다. 수많은 국민이 오열했던 비극의 현장, 작은 고인돌 하나로 남은 묘역이 그 변방의 고독을 떨치고 새로운 시대의 '시작'으로 도약하고 있었다. 변방의 기적이 아닐 수 없다.

봉하 묘역에는 주중임에도 불구하고 참배객들이 끊임없이 당도하고 있었다. 나는 49재 이후 3년 만의 참배이다. 묘역은 이제 모습을 갖추어 가고 있었다. 문재인 노무현재단 이사장과 김경수 사무국장의 안내를 받으며 박석 길을 따라 걸었다. 헌화, 분향 그리고 작은 비석으로 걸음을 옮기는 동안 나는 차마 부엉이바위를 쳐다보지 못하고 있었다. 그 위에 그가 서 있을 것 같았다. 글씨를 취재하러 온 방문 목적마저 까맣게 잊고 있었다. 묘석 앞에 이르러

문 이사장이 강판에 새겨진 글씨에 관해서 설명을 시작할 때까지 내내 그랬다. 문 이사장의 설명을 들으면서 나는 또 2009년 5월로 돌아가고 있었다. "노무현 전 대통령께서 돌아가셨습니다. ……오전 6시 40분쯤 봉화산 바위에서 뛰어내리신 것으로 보입니다"로 시작되어 "가족들 앞으로 짧은 유서를 남기셨습니다"로 끝나는 그의 발표문 낭독을 다시 한 번 듣는 듯하였다. 최소한의 사실을, 최대한의 절제된 감정으로 전해 주던 음성이 또렷이 되살아난다. '운명'이란 무엇인가. '운명'이란 납득할 수 없고, 분석이 허용되지 않는 사실을 담는 그릇이다. 무어라 이름 붙일 수 없을 때 우리는 그것을 운명이라고 부른다. 이곳의 '작은 비석'이 앞으로 어떤 운명을 걸어가게 될지 아무도 모른다. 그래서 이곳에서는 운명의 의미가 더욱 증폭된다. 그러나 한 가지 분명한 것은 이 변방의 작은 묘역이 새 시대의 창조 공간으로 거듭나리라는 것만은 피할 수 없는 운명이라는 사실이다.

우리의 현대사에 있어서 광주와 노무현(1946~2009)은 시대를 가르는 아이콘이다. 누구도 광주의 비극으로부터 자유로운 사람이 없듯이 누구도 노무현의 죽음으로부터 자유로운 사람은 없다. 그 이전과 그 이후를 확연히 나누는 역사의 분기점이 아닐 수 없다.

변방과 중심은 결코 공간적 의미가 아니다. 낡은 것에 대한 냉철한 각성과 그것으로부터의 과감한 결별이 변방성의 핵심이다.

500만 애도의 물결이 보여 준 것은 한마디로 '회한'(悔恨)이었고 '각성'(覺醒)이었다. 지켜 주지 못해서 미안하다는 회한이었고, 권력이 얼마나 비정한 것인가를 깨닫고, 좋은 정치란 과연 어떤 것인가를 깨닫는 통절한 '각성'이었다. 이곳을 찾아오는 수많은 사람들이 생환(生還)하는 것이 바로 그 회한과 각성이었다.
내가 쓴 글씨는 묘석을 받치고 있는 강판 앞부분에 새겨져 있다. "민주주의 최후의 보루는 깨어 있는 시민의 조직된 힘입니다." '작은비석위원회'가 노무현 대통령의 어록 중에서 뽑은 글귀이지만 놀랍게도 이 묘비문 역시 '각성'을 호소하고 있다.

나는 묘석을 돌아 나오면서 다시 애도 인파의 함성을 듣는다. 묘역을 가득히 덮고 있는 박석의 추모 글이 저마다 함성이 된다. 그 함성과 함께 골목골목에서 쏟아져 나오는 사람들의 모습이 보이는 듯하다. 사각형 박석으로 마을의 골목길을 재현해 놓았기 때문이다. 마치 '사람 사는 세상'을 외치는 함성 같기도 하고 이곳을 지키고 있는 사자바위의 포효 같기도 하였다.
묘역을 나오면서 그제야 묘역 초입의 삼각형 수반(水盤)을 만난다. 봉화산에서 내려온 물이 박석의 추모 글들을 싣고 이곳에 잠시 머물다가 다시 어디론가 떠나간다. 고여 있는 물 같지만 삼각형의 꼭짓점이 가리키는 방향으로 끊임없이 흘러가는 '잠들지 않는 물'이다. 그 물 속에는 노무현 전 대통령의 별자리가 조명등으로 빛나고 있다.

사자바위에 올라 묘역을 조감(鳥瞰)하면 이러한 정경이 한눈에 들어온다. 묘역은 과연 긴 삼각형의 비행체가 되어 노무현의 별자리를 향해 날아가고 있었다.

『노무현의 무덤』을 출간한 건축가 승효상은 서문에서 에드워드 사이드(Edward W. Said, 1935~2003)의 글을 인용하며 노무현을 '스스로를 추방한 자'라고 썼다. 그렇다. 자신의 모든 것을 스스로 추방한 자가 바로 노무현이다. 지식인은 자신의 계급을 선택하는 계급이라고 한다. 노무현이야말로 '사람다운 삶'을 자기의 삶으로 선택했다. 변호사, 국회의원 그리고 대통령이라는 정점에 서 있는 동안에도 언제나 '사람 사는 세상'을 만들기 위하여 끊임없이 자신을 변방으로 추방했다. 사회적 약자의 인권을 지키기 위하여, 망국의 지역감정을 극복하기 위하여, 지는 싸움임을 알면서도 물러서지 않았다. 그의 죽음마저도 그 연장선상에 있는 추방이다. 『운명이다』에서 밝히고 있듯이 자신의 존재 자체가 자신의 꿈을 짓밟는 상황으로 몰리고 그 꿈을 함께 꿈꾸었던 사람들에게 누가

되는 상황으로 떠밀리자 자신을 던진다. 자신의 삶 자체를 추방한다. 그러나 놀라운 것은 변방의 작은 고인돌 하나로 남아 있는 이곳에 해마다 100만이 넘는 추모객이 찾아오고 있다는 사실이다. 봉하 묘역은 산 자와 죽은 자가 만나는 해후의 자리이면서 변방이 창조 공간이 되는 도약의 자리였다.

● 에드워드 사이드

에드워드 사이드(Edward W. Said, 1935~2003)는 1935년 팔레스타인의 예루살렘에서 태어났다. 이스라엘의 건국과 함께 이집트 카이로로 이주했다. 1950년대 말에 미국으로 건너가 프린스턴 대학교를 졸업하고 하버드 대학교에서 박사학위를 받았다. 컬럼비아 대학교 영문학·비교문학 교수와 하버드 대학교 비교문학 객원교수로 지내며 이론가, 문학비평가로 활동했다. 1978년, 서구인들이 말하는 동양의 이미지가 서구의 편견과 왜곡에서 비롯된 허상임을 체계적으로 비판한 『오리엔탈리즘』을 출간하면서 세계적인 명성을 얻었다. 그 밖에 『문화와 제국주의』, 『권력과 지성인』 등 많은 저술을 남겼다.

에드워드 사이드는 이젠 고전이 된 그의 명저 『오리엔탈리즘』에서 지식인이란 어떤 존재인지를 규정한 바 있다. 그리고 그의 또 다른 명저 『권력과 지성인』에서 "추방적 지성인(지식인)은 관습적인 논리에 반응하지 않고, 모험적 용기의 대담성에, 변화를 재현하는 것에, 가만히 서 있는 것이 아니라 움직이는 것에 반응한다"라고 규정하였으며, "지성인(지식인)에게 있어 추방과 같은 쫓겨남은, 통상적인 삶의 여정으로부터 해방되는 것을 의미한다"라고 쓰고 있다.

참고: 에드워드 W. 사이드 지음, 전신욱·서봉섭 옮김, 『권력과 지성인』, 창, 2011.

인류 문명사는 변방이 다음 시대의 중심이 되어 온 역사이다. 오리엔트 문명은 변방인 지중해의 그리스·로마로 그 중심을 옮겨 간다. 그리고 다시 갈리아 북부의 오지에서 합스부르크 왕조 600년의 문화가 꽃핀다. 그리고 근대사의 중심부는 해변의 네덜란드와 섬나라 영국으로 옮겨 가고, 다시 영국의 식민지였던 미국으로 이동한다. 새로운 시대는 언제나 변방으로 변방으로 그 중심을 이동해 온 것이 인류의 문명사였다.

동양의 경우도 다르지 않다. 중국은 황하 유역을 중심부로 삼아 공간적 이동이 없다고 반론하지만 중국역사 역시 고대의 주(周), 진(秦)에서부터 금(金), 원(元), 청(淸)에 이르기까지 변방이 차례로 중심부를 장악한 역사였다. 그러한 변방의 역동성이 주입되지 않았더라면 중국 문명은 결코 지속 가능하지 못했을지도 모른다. 변방과 중심은 결코 공간적 의미가 아니다. 낡은 것에 대한 냉철한 각성과 그것으로부터의 과감한 결별이 변방성의 핵심이다. 그렇기 때문에 변방이 창조 공간이 되기 위한 결정적 전제는 중심부에 대한 콤플렉스가 없어야 한다는 것이다. 중심부에 대한 환상과 콤플렉스가 청산되지 않는 한 변방은 결코 새로운 창조 공간이 될 수 없다. 중심부보다 더욱 완고한 아류(亞流)로 낙후하게 될 뿐이다.

우리는 참배를 마치고 사저(私邸)에 들러 봉하를 찾아온 까닭을 말씀드리고 권양숙 여사의 안내를 받아 〈사람 사는 세상〉 앞에서 사진 촬영을 했다. 문재인 이사장은 참여정부 마지막 장차관 모임 때 노무현 대통령이 이 글씨를 부탁하는 자리에 함께 있었다고 했다. 그가 떠난 사저에 걸려 있는 글씨가 다시 마음을 아프게 하였다.

사저에는 내 글씨가 또 한 점 남아 있었다. 〈우공이산〉(愚公移山)이다. 우공이산은 아흔 살이 넘은 우공이라는 노인이 집 앞을 가로막고 있는 산을 옮기는 고사이다. 지수(智叟)라는 사람이 그 어리석음을 비웃었지만 우공은 자기가 이루지 못하더라도 자자손손이 이어 가면 언젠가는 산을 옮길 수 있다는 우직한 신념을 버리지 않는다. 천상의 옥황상제가 그 뜻을 가상하게 여겨 산을 옮겨 주었다고 한다. 마오쩌둥(毛澤東, 1893~1976)은 옥황상제가 옮겨 주었다는 부분을 민중이 각성함으로써 거대한 역사를 이룩한다는 뜻으로 해석한다. 노 대통령이 퇴임 후 자신의 아이디를 '노공이산'(盧公移山)으로 사용했다는 것은 사람 사는 세상을 만들어 가는 일이 얼마나 멀고 험한 길인가를 몸소 절감하고 있었음을 보여 주고 있다. 그는 대통령의 자리가 진보의 가치를 실현하는 데 적

'변방을 찾아가는 길'이란 결코 멀고 궁벽한 곳을 찾아가는 것이 아님을, 각성과 결별 그리고 새로운 시작이 있는 곳이라면 그곳이 바로 변방임을 새삼 깨닫게 된다.

절한 자리인가를 고민하기까지 하였다. 그리고 새 시대의 맏형이 되지 못하고 구시대의 막내가 된 것을 개탄했다. 우공의 우직함에서 위로를 받고 있었는지도 모른다.

그러나 오늘 멀고 먼 봉하의 작은 비석에서 깨닫는 것은 이 변방의 작은 묘역이 바야흐로 새로운 '시작'을 결의하는 창조 공간으로 바뀌고 있다는 사실이다. '사람 사는 세상'과 '좋은 정치'와 '좋은 대통령'을 공부하는 교실이 되고 있다는 사실이다. 나는 봉하를 떠나오면서 생각했다. '변방을 찾아가는 길'이란 결코 멀고 궁벽한 곳을 찾아가는 것이 아님을, 각성과 결별 그리고 새로운 시작이 있는 곳이라면 그곳이 바로 변방임을 새삼 깨닫게 된다. 그것이 봉하에서 우리가 받는 위로이며, 세상의 모든 변방이 우리에게 약속하는 희망이기도 하다.

변방을 찾아서

신영복 지음

2012년 5월 21일 초판 1쇄 발행
2022년 2월 21일 초판 10쇄 발행

펴낸이	한철희
펴낸곳	주식회사 돌베개
등록	1979년 8월 25일 제406-2003-000018호
주소	(10881) 경기도 파주시 회동길 77-20(문발동)
전화	(031) 955-5020 팩스 (031) 955-5050
홈페이지	www.dolbegae.co.kr 전자우편 book@dolbegae.co.kr

책임편집	이경아
편집	최혜리·권영민·소은주·이현화·김태권·김진구·김혜영
디자인	이은정·박정영
디자인기획	민진기디자인
마케팅	심찬식·고운성·조원형
제작·관리	윤국중·이수민
인쇄·제본	영신사

글 ⓒ 신영복 | 사진 ⓒ 정지윤
이 책의 본문에 수록된 도판은 경향포토에서 제공한 것입니다.

ISBN 978-89-7199-486-3 03810

책값은 뒤표지에 있습니다.